本草纲目

明／李时珍

D1350980

· 大众文艺出版社 ·

图书在版编目（CIP）数据

本草纲目/姜子夫 主编. –北京:大众文艺出版社,2005.01
(2009.6 重印)

(中国传统文化经典文库/姜子夫　主编)
ISBN 978 – 7 – 80171 – 573 – 9

Ⅰ.本… Ⅱ.姜… Ⅲ.宗教文学 – 古典诗歌 – 作品集 – 中
国　Ⅳ.I222

中国版本图书馆 CIP 数据核字(2004)第 126434 号

本草纲目

大众文艺出版社出版发行
(北京市东城区交道口菊儿胡同 7 号　邮编:100009)
新华书店经销
三河市新艺印刷厂　印刷

开本:787 毫米 × 1092 毫米　1/32　印张:120　字数:2400 千字
2009 年 6 月第 2 版　2009 年 6 月第 2 次印刷
ISBN 978 – 7 – 80171 – 573 – 9
定价:200.00 元(全二十册)

目 录

木部

第三章
百草皆备药性
　　　　——草部本草

第四章
五畜适为益
　　　　——虫、鳞、介、禽、兽部本草

虫部

鳞

第一章　五谷为养,五菜为充
——谷、菜部本草

谷部

绿豆

别名　青小豆

《本草纲目》记载

厚肠胃。作枕,明目,治头风头痛。除吐逆。治痘毒,利肿胀。

释名

把这种豆子叫做绿豆,是因为它的颜色是绿色的。原来的书中都把它叫做菉。

集解

绿豆处处都可以种植,每年三四月下种。长成时苗也不过才1尺左右高,叶子小小的,上面长着小绒毛,到秋天才会开花,花也很小,绿豆的豆荚和赤豆荚十分相似。由于绿豆成长期较长,早些种晚些种都会有一定的收获。但收割早种的叫摘,意思是可以多次获取;而收割晚种的叫拔,意思是一次性拔掉。颗粒饱满并且颜色鲜亮的叫做官绿,颗粒较小而颜色深重的叫油绿,两者相比官绿的营养较为丰富。北方人食用绿豆的方法特别的多。可以炒绿豆吃,做绿豆粥、绿豆饭,用绿豆酿酒,把绿豆做成粉丝,还可以把绿豆磨成面粉做成绿豆糕。最妙的是可以把绿豆用水浸泡,让它长出嫩嫩的白芽——绿豆芽,是很好的蔬菜。在牛马的饲料中添加一些绿豆,可使牛马膘肥体壮。绿豆真的是一种很好的粮食。

绿豆

气味:甘,寒,无毒。

主治:有清热解毒、止呕吐的功效。可以通利小便,补益元气,调和人体五脏,安定精神。还可以滋润皮肤,有美容的效果。

科学新概念

营养成分

维生素 B$_1$、维生素 B$_2$、胡萝卜素、钙、磷、铁、蛋白质等。

健康效果

绿豆是一种传统食品,它富含蛋白质,可以刺激神经,增进食欲;绿豆的有效成分有降血脂、降胆固醇的功效,可以防治冠心病、心绞痛。最新研究显示,绿豆有解毒、抗过敏的作用,而且还有防治癌症的效果。老人、孩子及身体虚弱者长期食用绿豆可以滋补身体、增强体力。正是因为这些药用价值,绿豆也被称为绿色的"仙丹"。

自然配方

名称	制作方法
绿豆汤	绿豆汤做法简单方便,把绿豆洗净放入适量的清水,煮熟即可食用。还有一种更简便的方法,把绿豆洗净,放入暖壶中,倒入开水,盖上壶塞,20分钟后即可食用。绿豆汤被誉为"神仙汤",不仅是炎炎夏日祛热解暑的饮料,还有极强的药用价值。如酒精中毒或食物中毒,喝绿豆汤就能大大缓解中毒状况。夏天小孩子易生热痱子,用绿豆汤给小儿洗澡,能祛痱。绿豆汤还有排毒养颜的作用,每天一杯自然有美容的功效。
绿豆芽	绿豆洗净放入盆中,放入适量水(注意要每天换水),10天后就能长出白嫩嫩的绿豆芽。绿豆芽可以凉拌,亦可清炒,口感清脆,风味独特,易饱又不会引发肥胖,实在是减肥的最佳食品。

粟

别名　籼粟。

《本草纲目》记载

养肾气,去脾胃中热,益气。陈者:苦,寒。治胃热消渴,利小便。

释名

古代的粟是黍、稷之类粮食的总称。现在我们叫粟的粮食,古代叫做粱。后来人们把一种比较细的粱叫做粟,北方人把粟米叫做小米。

集解

穗大、毛长并且粒粗的是粱,穗小、毛短并且粒细的是粟。苗和茅草相似。种类有很多,大概有数十种,有青、赤、黄、白、黑等许多颜色,因此名字很多。粟的成熟有早有晚,苗秆有高有低,米的味道有好有坏。如果种植时顺应天时和地利,那么不用太多力气就能有很好的收成,否则就会劳而无获。一般来说,早粟外皮薄、米粒充实,而晚粟则恰好相反。

粟米

气味:咸,微寒,无毒。

主治:可以养肾气,除脾胃中热,

利小便,治痢疾。磨成粉可以解毒,止霍乱。作粥食用可以开胃补虚。

科学新概念

营养成分

蛋白质、维生素 B_2、烟酸、钙、铁等。

健康效果

粟米即小米,营养价值极高,适宜老人孩子等身体虚弱的人滋补。同时常吃小米还有降血压、防治消化不良、补血健脑的功效。还能减轻皱纹、色斑、色素沉积,有美容的作用。

自然配方

名称	制作方法
小米粥	小米熬至软烂,加入适量红糖即可。红糖小米粥营养丰富,含铁量高,对于产妇产后滋阴养血大有功效,有助于恢复体力,所以有"补血汤"之美称。

小麦

别名 来。

《本草纲目》记载

熬末服，杀肠中蛔虫。陈者煎汤饮，止虚汗。烧存性，油调涂诸疮，汤火灼伤。

释名

来也称为秣。上天降下的祥瑞的麦，一为来二为麰，像芒刺的形状。来象它的果实，夂象它的根，故得"麦"称。梵文把麦叫做迦师错。

集解

大、小麦都是秋天种下，冬天成长，春天长叶，夏天结果实，具备了四季的精华，因此被称为"五谷之贵"。有的地方比较暖和，春天下种，夏天就可以收割了。但这种麦子和秋天种的相比，没有经过四季的洗礼，有微毒。北方人种麦子用漫撒的方法，南方人种麦子用撮撒的方法，所以北方的麦子麦皮薄但面多，南方的麦子则刚好相反。据说，收割好的麦子和蚕沙放在一起，可以防虫。

小麦

气味：甘，微寒，无毒。

主治：可以滋补身体，利小便，益气，养心安神，还可治疗精神抑郁和烦躁不安。外敷可以治烫伤。

科学新概念

营养成分

蛋白质、钙、铁、硫胺素、核黄素、烟酸、维生素 A 等。

健康效果

小麦是北方人的主要食品，不仅营养价值极高，而且有一定的药效。可以健脾益肾、止血养心，还有滋润皮肤的美容效果。

自然配方

名称	制作方法
红枣小麦汤	小麦、红枣洗净,同煮至小麦熟烂,饮用时可加适量白糖。此汤专治神经紊乱及妇女更年期综合症。
小麦面食	小麦面做的面食,家常食用的有饼,馒头、包子、饺子、馄饨等,尤其是包子、饺子、馄饨用菜、肉做馅,可以使营养成分搭配合理,有益人体的吸收。

稻

别名　糯。

《本草纲目》记载
暖脾胃,止虚寒泄痢,缩小便,收自汗,发痘疮。

释名
　　稻是粳、糯一类谷物的通称。一般所说的稻是指需要在水田种植的庄稼的总称,而本草上的稻专指糯米。稻字是从舀字转变过来的,而舀字的本意恰恰就是一个人在石臼上舂米。因为它的口感又黏又软,所以又叫做糯米。

集解

　　南方的水田大多数都种稻。它本身有些黏,可以用来酿酒,酿出的酒口感绵软,不像北方的酒那样烈。也可以做成米糕,还可以炒着吃,味道都很好。稻的种类很多:根据谷壳的颜色区分,有红色的和白色的两种;根据谷壳的外形特征区分,有有毛的和无毛的两种;根据米的颜色区分,有红色的和白色的两种。最好吃的稻米,是那种长约三四分,像秋霜一样洁白的长粒米,煮熟之后清香满室,十分可口。

稻米
气味:苦,温,无毒。
主治:可以滋补身体,补脾胃,养气血。还可以治疗痢疾,止尿频。

科学新概念

营养成分

蛋白质、膳食纤维、维生素 E、钙、磷、钾等。

健康效果

常食用稻米有滋补脾胃、补充元气的功效,被誉为"天下第一补人之物"。

自然配方

名称	制作方法
牛奶饭	与正常做大米饭的程序一样,只不过将水换成了牛奶。食用有养胃补血、丰润皮肤的滋补美容功效。另外,对治疗便秘有一定的作用。

荞麦

别名 乌麦,花荞。

《本草纲目》记载

实肠胃,益气力,续精神,能炼五脏滓秽。作饭食,压丹石毒,甚良。以醋调粉,涂小儿丹毒赤肿热疮。

释名

荞麦的茎柔弱而且上翘,这种特点使它很容易长高,并且也易收割。荞麦磨出的面粉像小麦一样,所以叫做荞麦。一些人也把它叫做甜荞,来区别口感不好的苦荞。

集解

荞麦这种作物南北方都有种植。一般在立秋前后下种,到八九月份就可以收割了。荞麦最怕霜冻,如果在收割前有霜冻,荞麦会大幅度减产。植株一般能长到 1~2 尺高,赤红色的茎,碧绿色的叶子,开密密的小白花。荞麦的果实完全成熟时呈乌黑色,上面有三个棱,像羊蹄一样。北方人把它磨成面粉,做成煎饼,吃时会配上葱蒜,别有一番风味。

荞麦

气味:甘,平,寒,无毒。

主治:可以增强肠胃功能,滋补身体。有清热消毒的功效。可治痢疾。

科学新概念

营养成分
含有蛋白质、多种维生素、纤维素、镁、钾、钙、铁、锌、铜、硒等。

健康效果
荞麦含有丰富的蛋白质、维生素,有降血脂、保护视力、软化血管、降低血糖的功效。同时,荞麦可杀菌消炎,有"消炎粮食"的美称。

自然配方

名称	制作方法
荞麦粥	将洗净的荞麦米和瘦肉丝同煮,至八成熟时,可放入适量的配料(黄瓜、胡萝卜等),熟时加入适量的盐即可。此粥有止咳、平喘的作用,对高血压等心血管病也有辅助治疗的功效。但荞麦不易消化,不宜多食。

大豆

别名 菽。

《本草纲目》记载
治肾病,利水下气,制诸风热,活血,解诸毒。

释名
豆,是有豆荚类谷物的总称。而篆文中的豆,就像种子在豆荚中的样子。豆的角叫豆荚,豆的叶叫豆藿,豆的茎叫豆其。大豆是豆类中非常重要的一种,一般指黄豆、黑豆、青豆三类。

集解
大豆有黑色、白色、黄色、褐色、青色、花斑色等各种颜色。黑色的叫做乌豆,可以入药,也可以充饥,还可以做成豆豉;黄色的可以做成豆腐,也可以榨油或做成豆瓣酱;其他颜色的都可以炒熟食用。各种大豆都是在夏至前后播种的,长成后苗高3~4尺;叶子呈桃形;秋天时开白色的花;长成的豆荚大概有一寸左右。所有的大豆都不禁霜,一场秋霜过后慢慢地就干枯了。种植大豆如果想要有个好收成,通常会采用这样的办法:用几个口袋装些等重的大豆,在冬至那天埋到阴暗潮湿的地方,十五天后取出来,每个口袋都要称重,选取较重的口袋中的豆子做种子。大豆的保存时间较长,可存放一年之久,故可储备,以应不时之需。

黄大豆

气味:甘,温,无毒。

主治:有解毒滋补的功效。可以消除体内淤血,消肿止痛。还可促进消化,治疗腹胀。对风湿及中风引起的偏瘫也有一定的功效。

黑大豆

气味:甘,平,无毒。

主治:有解毒止痛的功效。可消水肿,清胃毒,除淤血,还能驱散五脏之内的寒气。

科学新概念

营养成分

蛋白质、异黄酮、低聚糖、皂苷、磷脂、核酸等。

健康效果

大豆富含植物蛋白,可以增强体质和机体的抗病能力,还有降血脂、降血压和减肥的功效,并能补充人体所需要的热量,可以防治便秘,极适宜老年人食用。

自然配方

名称	制作方法
黄豆汤	用黄豆和干香菜、葱白、白萝卜一起煮汤,加入适量调味品,煮至黄豆熟烂即可。此汤味道鲜美,营养丰富,可以治疗感冒等症。
黄豆芽	黄豆洗净后用水浸泡,注意每天换水,20天后就会生出黄豆芽。黄豆芽炒、拌、煮皆可食用,经常吃黄豆芽可以预防心脑血管疾病,有健脑、抗癌的作用。还是很好的减肥、美容食品。
豆浆	黄豆磨浆食用对胃炎、肝炎、高血脂等皆有疗效。

赤小豆

别名　赤豆、红豆。

《本草纲目》记载

辟瘟疫，治难产，下胞衣，通乳汁。和鲤鱼、鳢鱼、鲫鱼、黄雌鸡煮食，并能利水消肿。

释名

苔是小豆的总称，有三四个品种。现今说的赤豆、白豆、绿豆等都属于小豆。这里把可以入药的红色小豆叫做赤小豆。

集解

这种豆子只有个头小并且是暗红色的才能入药，而那些个头大、颜色浅红或深红的并不能治病。赤小豆一般在夏至后下种，长成后苗高一尺左右，枝和叶长的与豇豆相似，只不过赤小豆的叶子要小、圆些罢了。秋天开银褐色的小花，形状也和豇豆花相似，只不过有一种淡淡的腐臭气味。豆荚有2~3寸长，比绿豆荚稍大些，外皮是白里透红的颜色。赤小豆可以炒着吃，也可以煮着吃，还可以做粥、做饭，把它做成豆馅，包成面食，也很好吃。

赤小豆

气味：甘、酸，平，无毒。

主治：可以消除水肿，排除痈疽的脓血，达到消除痈疽的效果。还可以治疗痢疾导致的腹泻，通利小便。有强健筋骨、调理脾胃的功效，还可以减肥。

叶

主治：去烦热，止尿频。

芽

主治：研末，温酒服下，可治妇女漏胎、伤胎。

科学新概念

营养成分

蛋白质、灰分、钙、磷、铁等。

健康效果

赤小豆可做粮食,也可做副食品,如做粥、馅、风味小吃等。注意:赤小豆不是红豆(又名相思豆),它们只是外形相似。相思豆含有毒蛋白,不可内服,所以切勿将相思豆当赤小豆误用。赤小豆有消肿利尿的作用,可以解酒、解毒,还有降血压、降血脂的功效。对癌症、糖尿病也有一定作用,经常食用还有减肥效果,尤其是对腿部肥肿者,更加有效。

自然配方

名称	制作方法
赤小豆鲤鱼汤	赤小豆洗净,用水浸泡 30 分钟备用。鲤鱼去鳞,去内脏,下锅煮至五成熟时放入赤小豆和适量调味品,煮至软烂即可。此汤药用功效极强,可以治疗脚气及水肿等症,但此汤不宜在短时间内多次食用。
赤小豆粥	赤小豆洗净,和淘洗净的粳米同煮,煮至软烂即可,食用时可加入适量白糖。此汤营养丰富,药用功效强,可治疗水肿、脚气、腮腺炎等症,孕妇食用还有一定的下奶作用。
赤小豆炖鹌鹑	将鹌鹑杀后去毛、内脏,剁去脚爪,入沸水锅内焯去血水备用。在锅中放入洗净的赤小豆和适量调味品,烧开后小火慢炖 90 分钟,放入鹌鹑炖烂。此汤利水除湿,益气补虚,常服有助减肥。

豆腐

《本草纲目》记载

宽中益气,和脾胃,消胀满,下大肠浊气。清热散血。

集解

做豆腐的方法是西汉淮南王刘安发明的。所有的黑豆、黄豆、豌豆、泥豆、白豆、绿豆之类的豆子,都可以做成豆腐。制作方法如下:先用水把豆子泡发,大概要在水里泡上一晚,然后把泡好的豆子磨碎,把渣滓滤掉,加适量水烧开,最后加入盐卤汁就会凝结,这样豆腐就做成了。有些地方做豆腐最后加一些石膏末也可以达到凝结。在凝结物的上面有一层皮,把它揭下来,晾干,就是人们常说的豆腐皮了,也是很好吃的食物。

豆腐

气味:甘、咸,寒,有小毒。

主治:可以滋补身体,调和脾胃,消除脘腹胀满的症状。还有清理大肠的作用。

科学新概念

营养成分

蛋白质、铁、钙、磷、镁等。

健康效果

豆腐以其高蛋白、低脂肪、低热量、低胆固醇的优点而成为人们喜爱的食品。豆腐有护肝养胃的作用,食用豆腐还有防癌、预防老年痴呆、预防糖尿病、提高记忆力等功效。是儿童、病弱者及老年人补充营养的食疗佳品。

自然配方

名称	制作方法
豆腐海带汤	豆腐切块,海带切片,放入适量水,开锅后加入适量配料(盐、香油等),煮熟即可。此汤味道鲜美,营养丰富。食用有降血脂、降血压的作用,在一定程度上有防治气管炎、肝炎和减肥的功效。

玉米

别名 玉蜀黍、玉高粱。

《本草纲目》记载

调中开胃。

集解

玉米一开始的时候是在西部地区种植,但种植的数量不多。它的苗和叶都与高粱相似,但要矮许多,也肥厚一些。苗高三四尺,六七月开花成穗,苗中间长出一个鱼形苞来,苞的上面长有白色的须子,须子很长,慢慢地垂下来。时间长了,苞逐渐张开,露出来一个一个紧密挨着的黄白色的子。子可以食用,炸、炒都行。

米

气味:甘,平,无毒。

主治:可以滋补身体,调和脾胃。

根叶

主治:煎汤饮用可以治疗小便不尽、疼痛和泌尿系结石的症状。

科学新概念

营养成分

多种维生素、钙、磷、钾、钠、镁、铁、蛋白质等。

健康效果

玉米具有清湿热、利肝胆、延缓衰老等功能,经常食用玉米对高血脂、高血压等心脑血管疾病都有防治作用,玉米还有一定的健脑、防癌的功能。因此,玉米有"保健佳品"之称。

自然配方

名称	制作方法
玉米粥	玉米洗净熬粥,煮至米烂汤浓即可。经常食用可降血压、降血脂,对预防老年性痴呆也有一定的效果。
玉米排骨汤	将排骨剁成块状,玉米去皮、去丝,切成小段。在砂锅内放水,将排骨和葱、姜放入锅内,滴入少许白酒,待砂锅内水开有血沫浮上来后将血沫去掉,再放入玉米,一同煲制。煲熟后加入少许盐调味即可。经常食用有健脾益胃、防癌抗癌、润肺养心和延年益寿的功效。

罂粟

别名 米囊子、御米、象谷。

《本草纲目》记载

行风气,逐邪热,治反胃、胸闷痰滞。治泻痢,润燥。

释名

这种植物的果实外形像罂子,米像粟,因此有这个名字。

集解

罂粟秋天种下，冬天就会长出来，嫩苗可以食用。花瓣只有四片，三天后就谢了，只留下罂在茎上。罂有些像一个上面有盖，下面还有把的酒杯，罂的里面有可以食用的白米，罂的外壳可以入药，但古医书上没有记载。江东人认为形状相似，但叶子很多的丽春花，是罂粟的一个变种，其实这是错误的。罂粟花千姿百态，什么颜色的都有，十分艳丽好看，所以又有人把它叫做赛牡丹、锦被花等。

米

气味：甘，平，无毒。

主治：可以解丹药的毒，促进消化。还可以治痢疾，缓解大便干燥。中国对罂粟种植严加控制，除药用科研外，一律禁植。

刀豆

别名 挟剑豆、刀豆子、大刀豆、刀鞘豆、白凤豆、刀板仁豆、刀巴豆、马刀豆。

《本草纲目》记载

温中下气，利肠胃，止呃逆，益肾补元。

释名

刀豆是因为豆荚的外形像刀而得名。乐浪地区有一种挟剑豆，豆荚横斜长，像人配用的挟剑，这种豆子就是我们说的刀豆。

集解

现在人们种刀豆的很多。每年三月下种，蔓能长到一丈多。叶子有些像豇豆叶，只不过稍长了一些，到了五六月就会开出像蛾子一样的紫色小花。豆荚最长的接近一尺，有点像皂荚，扁扁的，有明显的三个棱。嫩的时候煮食，做酱吃都行。老的时候就收子，子有拇指大小，淡红色。和猪肉、鸡肉一起煮着吃，味道极其鲜美。

刀豆

气味：甘，平，无毒。

主治：可以温中下气，滋补肠胃，有补肾益气的作用。

科学新概念

营养成分

蛋白质、可溶性糖、类脂物、纤维、灰分等。

健康效果

刀豆中的有效成分有治疗肝性脑病和抗癌的作用,经常食用对于肾虚腰痛、气滞呃逆、风湿腰痛、小儿疝气等症有一定的疗效。

自然配方

名称	制作方法
刀豆炒虾仁	将干虾仁洗净,放入锅中,炒至五成熟时放入刀豆,加调味品,炒熟勾芡即可。此菜有一定的滋补功效,经常食用有补肾壮阳、开胃化痰的作用。
蒜泥刀豆	将蒜捣成泥,加入适量的盐备用。刀豆洗净,切段,用开水焯熟,过凉水后沥干放入盘中,加蒜泥拌匀即可。此菜清新爽口,经常食用可预防癌症。

扁豆

别名 蕰豆、沿篱豆、蛾眉豆。

《本草纲目》记载

解一切草木毒,生嚼及煮汁饮,取效。止泻,消暑,暖脾胃,除湿热,止消渴。

释名

叫扁豆是因为它的豆荚形状很扁。叫沿篱豆是因为它的蔓沿着篱笆伸展生长,而叫蛾眉豆是因为豆荚的脊背处有像蛾眉的形状。

集解

扁豆二月下种,蔓缠绕上升生长,叶子像水杯口一样大,圆圆的有一个小尖。花像一个有尾有翅的小蛾子。豆荚大概有十多种样子,有的长,有的短一些,有的像虎爪,有的像龙爪,有的像猪耳朵,有的像镰刀,每个品种的豆荚都不相同。白露后扁豆会长得更繁密,嫩的时候可以做菜吃,老的时候煮豆子吃。豆子有黑、白、赤、斑四种颜色,但只有又粗又圆的白豆子可以入药。

白扁豆

气味:甘,微温,无毒。

主治:可以和中下气,滋补五脏,止呕吐。还可以治疗霍乱、痢疾。有解酒毒、解河豚鱼毒和消暑暖胃的功效。

科学新概念

营养成分

蛋白质、维生素 A、维生素 C、维生素 E、胡萝卜素、钙、磷、铁等。

健康效果

扁豆中的营养成分可以促进消化和吸收,有健胃的功效,夏天食用还有消暑的作用。经常食用扁豆有消水肿、抗肿瘤的作用。

自然配方

名称	制作方法
扁豆人参粥	人参切块,加清水熬汁,去渣留汁备用。扁豆切成段,加清水煮至五成熟时,加米熬粥,粥将熟时加入参汁,煮熟即可。此粥有健脾养胃、止泻的功效。
扁豆烧豆腐	扁豆切片,豆腐切块后煎至金黄,沥净油后,和扁豆片同炒,加入适量调味品,炒熟即可。此菜有明目的功效,经常食用可以滋润皮肤,延缓衰老。

薏苡

别名 解蠡、芑实、赣米、薏珠子。

《本草纲目》记载

健脾益胃,补肺清热,去风胜湿。炊饭食,治冷气。煎饮,利小便热淋。

释名

薏苡这个名字的来历不详。这种植物的叶子像蠡实叶,但是是解散的,又比较像芑黍的苗,所以有解蠡、芑实这两个名字。

集解

现在种薏苡的人很多。每年二三月薏苡的宿根就会自然生长，叶子就像初生的芭茅，到了五六月就会开花结实。结的果实有两种：一种口感有些黏牙，外形尖而且外壳薄，这就是薏苡，薏苡仁呈白色，就像糯米一样，可以熬粥吃，也可以磨成面吃，还可以酿酒；另一种圆形的外壳又尖又厚，就是菩提子，可以用线穿起来当作念经用的佛珠，也就是我们说的念珠。

薏苡仁

气味：甘，微寒，无毒。

主治：可以治疗筋急拘挛、不可屈伸及风湿麻痹等症。可健脾益气，利肠胃，消水肿，杀蛔虫。还可治疗肺部慢性疾患。

科学新概念

营养成分

蛋白质、维生素 E、核黄素、钙、铁、磷、镁等。

健康效果

薏苡仁的有效成分可以促进新陈代谢，有滋补身体的作用。还有有清热利尿、防癌抗癌、美容的作用。经常食用对慢性肠炎、消化不良、脚气等症均有一定的疗效，所以有"生命健康之禾"的美称。

自然配方

名称	制作方法
薏苡粥	薏苡仁、粳米一起放入锅中，加清水熬粥，熬至软烂即可，食用时可加入适量白糖。经常食用此粥有利尿、防癌的功效，适用于体弱、身体浮肿者。

菜部

山药

别名　薯蓣、山芋。

《本草纲目》记载
益肾气，健脾胃，止泻痢，化痰涎，润皮毛。

释名
薯蓣在齐鲁地区叫山芋，在郑越地区叫土薯，在秦楚地区叫玉延。其实都是一种东西，但名字都不一样，或许是因为发音有轻有重，或许是因为讹传的原因才会这样吧。不过也有人说，薯蓣因唐代宗名字叫预，所以避讳改名字叫薯药，后因为宋英宗避讳署，便改名叫山药，这已经和当初的本名完全不同了。

集解
山药入药，野生的效果最好，如果食用则家种的较好。山药四月生苗延蔓，紫茎绿叶，叶子有三个尖，像牵牛叶但更厚更光润，五六月开穗状淡红色的花，结荚成簇，豆荚有三个棱，坚硬但无仁。子长在豆荚的旁边，有些像雷丸，大小不一，外皮黄色但内瓤是白色的，煮后食用味道甘甜爽滑。

根
气味：甘，温、平，无毒。
主治：可以滋补身体，益气力，长肌肉。经常食用可以耳聪目明，补五劳七伤，去冷风，益肾气，健脾胃，还能止泻痢。

科学新概念

营养成分
蛋白质、维生素 A、维生素 E、淀粉酶、膳食纤维、磷、钾、镁等。
健康效果
山药的有效成分有降血糖、调节血脂、增强机体免疫力的作用，最适宜老年人及身体虚弱者食用。经常食用山药还有美容减肥的功效。

自然配方

名称	制作方法
牛肉炖山药	牛肉和山药切块，两者同时放入锅中，加清水及盐等调味，煮至肉烂汤浓即可食用。此菜适宜冬天进补。如加上木耳，滋补功效更强。

生姜

《本草纲目》记载

生用发散，熟用和中。解食野禽中毒或喉痹。浸汁点赤眼。捣汁和黄明胶熬，贴风湿痛甚妙。

释名

许慎认为姜是抵御湿寒的菜。王安石认为姜能疆御一切邪秽的东西，因此叫做姜。刚长出来的嫩姜因为尖部有微微的紫色，所以叫做紫姜，有的也叫做子姜，相对应的它的根，就叫做母姜。

集解

姜适宜生长在低湿的沙土地，四月份取母姜种下，五月就会长出像嫩芦苇的苗来，但叶子有辛辣味，是成对长的，很像竹叶，但比竹叶稍宽。秋分前后就会长出像排列的手指那样的新芽来，这就是最宜食用的子姜。秋分以后长的就差了一些，经过霜冻后就老了，不宜食用。

生姜

气味：辛，微温，无毒。

主治：长时间食用有去除体味的功效，可以治疗由风寒引起的头痛、鼻塞；有止呕吐、理气的功效；还可以滋补脾胃，调和人体五脏；治疗由风湿引起的肌肉疼痛，还有解毒杀虫的功效。

科学新概念

营养成分

蛋白质、多种维生素、胡萝卜素、钙、铁、磷等。

健康效果

姜有杀菌的作用，并且其有效成分可以抗衰老，长期食用有美容的效果。姜还能抑制癌细胞活性,可起到防癌的功效。还能改善食欲,促进消化吸收。

自然配方

名称	制作方法
姜糖水	把姜切成碎末(捣成汁效果更好),加入适量红糖,用开水冲泡即可。如有感冒、鼻子不通气、流鼻涕、头痛、发烧等症状,喝一杯姜糖水,出些汗,以上症状就会有效缓解。

葱

别名 菜伯、和事草、鹿胎。

《本草纲目》记载

除风湿,身痛麻痹,虫积心痛,止大人阳脱,阴毒腹痛,小儿盘肠内钓,妇人妊娠溺血,通乳汁,散乳痈,利耳鸣,涂制犬伤,制蚯蚓毒。

释名

葱的名字来自于"怱"这个字。因为怱有中空的意思,而葱这种植物,正好是外面直而中间空的,所以人们就把这种植物叫做葱。人们习惯把刚长出来的葱叫做葱针,把葱叶叫做葱青,把葱的外皮叫做葱袍,把葱的茎叫做葱白,把葱叶中的黏液叫做葱苒。因为葱不仅可以和任何菜一起吃,而且还能起到增香的作用,因此就叫做菜伯、和事草。

集解

我们食用的葱有两种:一种是冻葱(即冬葱),有的人也叫它太官葱。因为这种冬天适宜储藏的葱茎又柔软又细嫩,而且有一种香味,特别适合太官上供,因此叫做太官葱。另一种是汉葱,汉葱的茎特别坚硬,像木头一样,所以又叫做木葱。汉葱在春末夏初时就会开青白色的花,它的三瓣形的子是黑色的,有一种辛辣味,表面有皱纹。秋天把子摘下放到阴凉处晾干,明年就可以再种了。

葱白

气味:辛,平,无毒。

主治:用葱做汤,可以治疗感冒引起的鼻塞、头痛,有去除风湿引起的关节和肌肉疼痛及安胎的功效。还可以使眼睛变得明亮,祛除肝脏中的邪气。

叶

主治:一般可用于治疗下肢水肿,对五脏有滋养之效,可明目。如果将其研碎,可敷于化脓部位、毒虫咬伤处,有祛毒的作用。

葱实

气味:辛,大温,无毒。

主治:有温中益精的作用,对肺部以及头发有一定的护养之用。还有补益中气的功效,食之可使眼睛明亮。

葱汁

气味:辛、温、滑,无毒。

主治:散淤血,止鼻衄;治头痛、耳聋、痔疮;解药毒。

科学新概念

营养成分

蛋白质、多种维生素、膳食纤维、叶酸、胡萝卜素、磷、铁、镁、硒等。

健康效果

葱的特殊气味,可以去除鱼肉类食品的膻气,有一定的杀菌作用。还可以促进消化,增进食欲。葱含有维生素及丰富的矿物质,有降血脂、降血压、降血糖和预防癌症的作用。

自然配方

名称	制作方法
葱枣汤	将红枣洗净,切开,放入锅内,加水适量。水开后,再加入洗净、切成段的葱白,继续煮10分钟即可,服用时吃枣喝汤。此汤具有滋补作用,可健脾胃,对身体虚弱、大病初愈的人效果更好。此汤又名"安神汤",可治疗失眠、多梦、健忘等症,工作压力大的人士均可一试。
葱白粥	此粥做法简单,在熬大米粥时,加入适量的葱白,食用时在碗中加入适量白糖即可。专治感冒引起的头痛、鼻塞、流鼻涕等症。一般感冒药食用后容易犯困,工作时注意力无法集中,而此粥绝无此副作用。

香菜

别名 胡荽、香荽、莞荽。

《本草纲目》记载

消谷,治五脏,补不足,利大小肠,通小腹气,拔四肢热,止头痛,疗痧疹、豌豆疮不出,作酒喷之,立出,通心窍。

释名

有人称它为葰,姜属,可以使口气清新。因为它的茎柔弱,叶片很细,根须特别多。是西汉时期张骞出使西域,从西域带回来的,因此称为胡荽。后赵开国皇帝石勒是羯族人,忌讳胡这个字,因此他把胡荽改为香荽。现在也有人称它为葰荽。"葰"是形容其茎叶散布之形状。

集解

香菜到处都有种植。一般选在八月的阴天下种,刚长出来时茎很柔弱,叶片是圆形的,有花歧,根又软又白。一般在冬季或春季采摘,食用时口感香美,十分好吃,也可作腌菜。也许是它的香味太诱人的缘故,道家把香菜列为五荤之一,道士做法事之前绝对不能食用。立夏后香菜会长出一团一团细小的淡紫色的花,有些像芹菜花。等到了五月份,就能收获像大麻子一样的有特殊香味的香菜子了。香菜的叶、子都可食用,生吃也可,熟食也可,对人都有好处。

根、叶

气味:辛,温,微毒。

主治:可治消化不良,促进消化和吸收。还可以滋补五脏,治疗头痛及一些皮肤病。

子

气味:辛、酸,平,无毒。

主治:有消食开胃的作用。

科学新概念

营养成分

蛋白质、钙、磷、铁、钾、胡萝卜素、维生素 C、粗纤维等。

健康效果

香菜的特殊香气能去除肉类的腥膻味，因此在一些菜肴中加些香菜，能起到去腥膻、增味道的独特功效。经常食用还能促进胃肠蠕动，具有促进消化吸收的作用。

自然配方

名称	制作方法
凉拌香菜	香菜洗净，放入温开水中浸泡20分钟左右，将水沥净，根据个人口味加入调料即可。此菜清淡爽口，有开胃理气、增进食欲的功效，适用于腹胀、不思饮食、四肢无力等症。对久病初愈、身体虚弱的人效果最好。对高血压病人也有辅助疗效。
香菜粥	在八成熟的粥内加入适量的香菜、姜片、橘皮，煮熟即可食用。此粥健胃消食，补气养胃，老人服用效果极好。此粥还有一定的降血压、美容的功效。
香菜面条	香菜洗净后沥干水分，红椒切丝。将鸡汤或牛肉汤烧开，再放入挂面，八九分熟后加入香菜、红椒丝及少许盐，待香菜入味后即可起锅。这道面食可以开胃和中、增进食欲，适用于脘腹胀满、不思饮食、体倦乏力等症。
胡萝卜香菜粥	将香菜洗净，剁成末，胡萝卜洗净，去皮，切成细丝备用。糯米淘洗干净，用冷水浸泡3小时，捞出，沥干水分放入锅中加水烧沸，再加入胡萝卜丝，改用小火熬煮成粥。加入调味品和香菜末再稍煮片刻，即可食用。此粥有美容和明目的功效。

蒲公英

别名 金簪草、黄花地丁等。

《本草纲目》记载

妇人乳痈水肿，煮汁饮及封之，立消。解食毒，散滞气，化热毒，消恶肿、结核、丁肿。掺牙，乌须发，壮筋骨。

释名

名字和意义的来历都不详。孙思邈在《千金方》里叫它凫公英，苏颂在《本草图经》里叫它仆公罂，老百姓叫它蒲公丁，也叫黄花地丁。淮河流域的人叫它白鼓钉，四川人叫它耳瘢草，关中人叫它狗乳草。叫它金簪草是因为它的花形像金簪的头部形状。

集解

蒲公英在长江南北比较多，除了岭南地区其他地方也有分布。蒲公英四季都有花，花谢后长出飞絮，絮中有子，落地即生根。因此，即使在人们的庭院间也经常可以见到。它的花似大旋蒚，叶似小莴苣，茎长三四寸，折断处有白色的汁液。嫩苗可以食用，味道很好。二月可采花，三月采其根。可制汞，伏三黄。也有一种只长在太行山、王屋山的蒲公英开的花是紫色的，叫做大丁草，陈州地区的人们叫它烧金草，据说这种蒲公英能帮助人们锻炼朱砂。还有一种与它相似但无花的，叫地胆草，也可伏三黄和砒霜。

苗

气味：甘，平，无毒。

主治：可以解食物中毒和散滞气，治疗乳痈，强壮筋骨。还可以祛除身体中的热毒和消除毒疮。

科学新概念

营养成分

蒲公英醇、蒲公英素、菊糖、葡萄糖、维生素、胡萝卜、铁、硒等。

健康效果

蒲公英俗称尿床草，对于利尿有非常好的效果。它具有丰富的维生素 A 和维生素 C 及矿物质，对消化不良、便秘都有较好的改善作用。另外还有消炎和改善湿疹，舒缓皮肤炎、关节不适的净血功效，花朵煎成药汁可以去除雀斑，有美容作用。

自然配方

名称	制作方法
蒲公英粥	将大米煮成粥，八成熟时加入适量蒲公英，煮熟即可。此粥有清热解毒，消肿散淤的功效。是一种简单易做，既有营养又有药效的好粥。

名称	制作方法
蒲公英茶	将蒲公英切碎,放入茶壶倒进开水即可。蒲公英茶入口微苦,既解渴又有消炎功效,长期饮用可治上呼吸道感染、眼结膜炎、流行性腮腺炎、胃炎、痢疾、肝炎、胆囊炎、急性阑尾炎、咽炎、急性乳腺炎、淋巴腺炎、急性扁桃体炎、急性支气管炎等许多炎症。
蒲公英炒肉丝	将蒲公英放沸水锅中焯一下,捞出洗净,切成段状。猪肉切丝。将料酒、盐、味精、酱油、葱、姜搅拌成调料汁。油锅烧热后,先下肉丝煸炒,加入调料汁炒至肉熟,放入蒲公英炒至入味,出锅即可。具有清热解毒、利尿散结功效的蒲公英,与具有滋阴润燥、补中益气功效的猪肉二者相结合,不仅味道鲜美,还可为人体提供丰富的蛋白质、脂肪、胡萝卜素、维生素C。

韭

别名　草钟乳、起阳草等。

《本草纲目》记载

归心,安五脏,除胃中热,利病人,可久食。

释名

按照许慎在《说文解字》中的解释,韭这个字就像叶子长在地上的样子。韭的茎叫做韭白,韭的根叫做韭黄,韭的花叫做韭菁。《礼记》中说,韭这种植物的根是最美味的。

集解

韭是丛生的植物,根部丰美,有青翠的长叶子。可以分根种植,也可以用子种下。当叶子有三寸高的时候,就可以剪下来食用了,但注意一定不要在中午时候剪,这时候剪下来的韭菜不好吃。八月份韭菜会开一丛一丛的花,把花摘下腌后保存,叫做长生韭,专门在祭祀时上供。因为"韭"和长久是谐音的,暗含有吉祥的意思。冬天北方人会把韭移植到土窖里,用马粪培上用以保温,慢慢地韭就会长出来,最高可以长到一尺多。因为长在土窖中终日见不到阳光,所以它的叶是嫩黄色的,这种韭叫做韭黄。韭这种菜可以生吃也可以熟吃,还可以切碎做作料,是一种对人有益的菜。

韭

气味:辛、微酸、涩、温,无毒。

主治:可以调和五脏,滋补身体。还可以解毒,治狂犬咬伤、痔疮。有生发和补肾壮阳的功效。

科学新概念

营养成分

蛋白质、膳食纤维、维生素 A、维生素 C、胡萝卜素、锌、钾、钙、磷等。

健康效果

韭菜具有促进食欲和降低血脂的作用,对高血压、冠心病、高血脂等有一定疗效。还具有一定的杀菌消炎作用。韭菜含有一定量的锌元素,能温补肝肾,有壮阳的功效。此外,还能保暖、健胃。韭菜含有较多的粗纤维,能促进肠胃蠕动,可有效预防习惯性便秘和肠癌。这些纤维还可以把消化道中的头发、沙砾、金属屑甚至是针包裹起来,随大便排出体外,因此有"洗肠草"之称。

自然配方

名称	制作方法
韭菜粥	大米熬粥至八成熟时加入洗净并切成段的韭菜,煮熟后加少量盐即可。韭菜粥有滋补作用,体弱肾虚者和大病初愈者服用对身体大有好处。早晚各一碗韭菜粥,还可治阳痿早泄等男性疾病。
韭菜汁	将韭菜捣成汁即可,韭菜汁方便易作,用途广泛。内服可治噎膈、反胃、痢疾等症,对胃癌、食道癌也有一定疗效;跌打损伤者可外敷,有消肿止痛的功效。如有人昏厥、休克,可用毛巾手绢等物蘸加热后的韭菜汁,捂住伤者口鼻,有急救的作用。

芥

《本草纲目》记载

归鼻,除肾经邪气,利九窍,明耳目,安中。久食温中。

释名

按照王安石《字说》中的说法,芥就是分界的意思。食用它可以发汗散气,就像有一个自我的边界一样。王祯在《农书》中说,芥的气味辛辣、浓烈,是蔬菜中最有特点的,吃完后有一种耿直刚介的感觉,所以芥和介有密切的关系。

集解

芥有许多种:青芥,又叫刺芥,长得像白菘,只不过外面有一层柔软的毛罢了;大芥,又叫皱叶芥,深绿色的叶子很大,外面有皱纹,味道更加的辛辣;还有马芥、花芥、紫芥、石芥等。所有的芥都在八九月种植,但只有青芥和大芥可以入药。人们习惯把冬季食用的叫腊菜,春季食用的叫春菜,四月份吃的叫夏芥。芥菜心叫做芥蓝,可以凉拌食用,口感清脆十分好吃。芥有紫色的子,味道辛辣,可以做成酱,有一种特殊的辛香,和一些肉食一起食用,特别美味。

茎、叶

气味:辛,温,无毒。

主治:可以明耳目,止咳化痰,促进消化。

子

气味:辛,热,无毒。

主治:能消肿散淤,利九窍,通经络。可治疗咽喉肿痛、咳嗽、咳痰、呕吐。

科学新概念

营养成分

维生素 A、维生素 B 族、维生素 C、维生素 D、胡萝卜素、食用纤维素、钙、磷等。

健康效果

芥菜含有大量的维生素,有提神醒脑、解除疲劳的作用,还有一定的解毒消肿的功效。经常食用能防治便秘,特别适用于老人及习惯性便秘者。

自然配方

名称	制作方法
芥菜饭	芥菜饭是温州人传统美食之一,做法简单,先将米饭蒸熟,油下锅烧热,先放入芥菜丁炒八分熟,再将切好的配料(即香菇、虾干、酱油、肉、笋、红萝卜等)和煮熟的米饭倒入锅内混炒,再加盐、料酒、味精和葱末就可以装盘了。芥菜饭不仅好吃还有药用价值,芥菜含有大量的叶绿素及维生素C,经常食用富含叶绿素及维生素C的蔬菜,能提高自身免疫能力,增强抵抗力,对人的皮肤有好处。故有"吃了芥菜饭不生疥疮"的说法。
芥菜瘦肉粥	熬粥时加入瘦肉丁,八成熟时加入芥菜末,煮熟后加入适量盐和胡椒粉即可。此粥温补,并能防治便秘,是老年人的养生佳品。
腌芥菜	先将芥菜洗净,然后沥干水份。将芥菜切丝,用油炒。油热后放花椒、大料翻炒出味后放姜末、辣椒,最后放盐、醋,趁热放入缸内。放置在通风处,当天不加盖,第二天密封好,腌7天(每天翻一下)即可食用。芥菜腌制后有一种特殊鲜味和香味,能促进胃肠的消化功能,增进食欲,可用来开胃,帮助消化。

萝卜

别名 莱菔、雹葖、紫花菘、芦萉、温菘、土酥等。

《本草纲目》记载

主吞酸,化积滞,解酒毒,散瘀血,甚效。末服,治五淋。丸服,治白浊。煎汤,洗脚气。

释名

北方人根据四季的不同给萝卜起了四种不同的名字,春天叫破地锥,夏天叫夏生,秋天叫萝卜,冬天叫土酥,是洁白如酥的意思。

集解

萝卜现在各地都有。一般在六月份下种,秋天采苗,冬天挖根。根的颜色有红有白,外形有长形的也有圆形的。一般来说,种在沙土地里的又脆又甜,而种在贫瘠的地里就会又硬又辣。萝卜的根和叶都可食用,可以生吃,也可以熟吃,可以做成馅和酱菜,还可以和醋一起吃,也可以和糖一起吃,是蔬菜中对人最有益处的。

根

气味: 甘、辛、无毒。

主治: 可以促进消化,滋补身体。能治疗酒精中毒和消除体内淤血。还可以止咳化痰,祛除体内邪气。熬成汤洗脚可以治脚气。

子

气味: 甘、辛、平、无毒。

主治: 具有理气的功效。生食能祛风痰,散风寒;熟食能化痰定喘止咳,可治疗消化不良。

科学新概念

营养成分

维生素 C、维生素 E、钙、磷、锰、铁、蛋白质、烟酸等。

健康效果

常吃萝卜可降低血脂、软化血管、稳定血压,可预防冠心病、动脉硬化、胆石症等疾病。萝卜所含热量较少,纤维素较多,吃后易产生饱胀感,这些都有助于减肥。萝卜中含有能诱导人体自身产生干扰素的多种微量元素,能增强机体免疫力,抑制癌细胞的生长,对防癌、抗癌有重要意义。萝卜中的矿物质可促进胃肠蠕动,有助于体内废物的排出。正由于萝卜有这样的药用价值,才有"冬吃萝卜夏吃姜,一年四季保安康"的说法。

自然配方

名称	制作方法
萝卜粥	萝卜洗净切块和米同煮成粥,熟后放入少量盐即可。此粥补脾健胃,助消化,适用于脾胃虚弱者或老年人食欲不振、消化不良、皮肤干燥、高血压、糖尿病等症。

名称	制作方法
醋拌萝卜丝	萝卜切成丝,放入醋根据个人口味加适量调味品即可。此菜脆爽开胃,喝酒时食用,可预防酒精中毒,又有止咳化痰、降血压、降血脂的功效。对预防癌症也有一定作用。
牛腩白萝卜汤	将白萝卜去皮后洗净切块,牛腩切块,将两种材料放入煲汤锅中,加水(以5碗为宜)。煲3小时后加入生姜片及适量盐,临上桌前撒上葱花。萝卜有消渴利水的功效,牛肉可补中益气滋养脾胃、强筋健骨。内热、消渴、消化不良、气滞胃痛者宜多饮用。
萝卜煲鲍鱼	鲜萝卜去皮和鲍鱼一起煮汤。经常食用有滋阴清热、宽中止渴的功效。可用于糖尿病的辅助治疗。

白菜

列名 菘。

《本草纲目》记载

通利肠胃,除胸中烦,解酒渴。消食下气,治瘴气,止热气嗽。冬汁尤佳。和中,利大小便。

释名

因其在冬天凋谢得较晚,有松树的特性,所以叫菘。而老百姓因为它的颜色青白,所以习惯地叫做白菜。

集解

白菜有两种:一种茎是青色的,又圆又厚;一种是白色的茎,又薄又扁。这两种白菜的叶都是青白色。燕、赵、辽阳、扬州这些地方的白菜特别大,最大的能长到5~6千克。南方冬天温暖,白菜可以在田里过冬,而北方到了冬天就必须把白菜挪到菜窖里储藏。燕京人会用马粪把白菜培好,保持一定的温度,慢慢地就会长出嫩黄色的苗,叶也是嫩黄色的,叶和苗都可以食用,口感脆爽,十分好吃。古时富豪贵族们把它称作黄芽菜,当做宴请宾客的佳品。

茎、叶

气味：甘，温，无毒。

主治：可以促进消化和吸收，滋补肠胃。还可以治疗酒精中毒。有止咳、通利大小便的功效。

科学新概念

营养成分

蛋白质、维生素 B_1、维生素 B_2、胡萝卜素、维生素 C、粗纤维、钙、磷、钠、镁等。

健康效果

白菜有"菜中之王"的美名，多吃白菜，可以起到很好的护肤和养颜效果。白菜中的纤维素不但能起到润肠和排毒的作用，还能促进人体对动物蛋白质的吸收。所以，民间有"百菜不如白菜"的说法。

自然配方

名称	制作方法
凉拌白菜	将白菜切丝，根据个人喜好加入一些盐、酱油、醋等调味品即可。此菜清脆爽口，有解毒开胃之功效。其营养丰富，脂肪含量极低，是不可多得的减肥佳品。

南瓜

《本草纲目》记载

补中益气。

集解

南瓜最早出在南方的少数民族地区，后慢慢流传到福建、浙江等地，现在燕京地区也有。每年二月份播种，最适宜种在肥沃的沙质土地。四月份出苗引蔓，蔓最长能有 30 米，每根蔓上都有节，每一节下面都长有根，入土就扎根。南瓜的茎是中空的；叶子形状和蜀葵相似，大小和荷叶相同；在八九月份，开黄色的花，和西瓜花相似；瓜很圆和西瓜大小差不多，外皮和甜瓜一样有棱，颜色有绿、黄、红三种。黄色的瓜肉肥厚，但不可生吃，食用时要把皮、瓤去掉，煮熟后味道和山药差不多，如果和猪肉一起煮,那味道就更好了。

南瓜

气味:甘,温,无毒。

主治:可以滋补身体,补充元气。

科学新概念

营养成分

蛋白质、胡萝卜素、钙、钴、磷、葡萄糖、维生素 B、维生素 C、甘露醇、戊聚糖、果胶等。

健康效果

南瓜中含有丰富的微量元素钴和果胶。钴的含量较高,是其他任何蔬菜都不可相比的,它是胰岛细胞合成胰岛素所必需的微量元素,常吃南瓜有助于防治糖尿病。果胶则可延缓肠道对糖和脂质的吸收,有减肥功效。另外,南瓜还有护肝、防癌的作用。

自然配方

名称	制作方法
南瓜粥	大米熬粥,七成熟时,加入洗净切好的小块南瓜,煮熟即可。南瓜粥甘甜爽口,滑而不腻,可降血压、降血脂、防糖尿病、防癌,长期食用有减肥功效。

马齿苋

别名　马苋、五行草、五方草、长命菜、九头狮子草等。

《本草纲目》记载

作膏,涂湿癣、白秃、杖疮。又主三十六种风。煮粥,止痢及疳痢,治肠痛。散血消肿,利腹滑胎,解毒通淋。治产后虚汗。

释名

因为这种菜的叶子形状像马齿一样,而外表光滑像苋,所以叫做马齿苋。一般把大叶子的叫㹠耳草,小叶子的叫鼠齿苋,也叫九头狮子草。它易保存,不易干燥,因此又叫做长命菜。因这种草是青色的叶子,红色的梗,黄色的花,白色的根,黑色的子,五种颜色暗合五行,所以又叫五行草。

集解

马齿苋在田园野外都有。柔软的茎紧挨地面,细细的叶子成对生长,六七月开小花,果实又细又小。人们把苗煮熟后晒干当菜吃。方士们采摘马齿苋,和丹砂、硫磺放在一起,用特殊的方法炼丹。还有一种马齿苋长在水中,叫水马齿,外形颜色和其他的差不多,也可食用。

菜

气味:酸,寒,无毒。

主治:可以清除体内淤血,消肿止痛;增强肠道功能,使人不易饥饿。还可治妇女赤白带下。有治痢疾、止腹痛的功效。做成膏,可以治疗皮癣及棍棒的创伤;饮用马齿苋的汁水,可以治疗反胃,对杀灭肠道内的寄生虫也有很好的效果。

子

主治:可以明目,能治疗青光眼和白内障。有助于增强肠道功能,祛除里面的寒邪。

科学新概念

营养成分

蛋白质、钙、磷、钾、铁、胡萝卜素、粗纤维、多种维生素等。

健康效果

马齿苋营养丰富,药用价值极大。其有效成分能促进胰岛素分泌、调节人体内糖代谢,具有降低血糖浓度、保持血糖稳定的作用;可降低血压,减慢心率,具有保护心脏的作用;常吃马齿苋还有明目、解毒、消肿的功效,是名副其实的"长寿菜"。

自然配方

名称	制作方法
马齿苋茶	将马齿苋和茶叶按 5:1 的比例倒入茶壶中煮沸,饮用时加入适量白糖即可。此茶长期饮用有消毒、利尿的功效,对肠炎、痢疾、皮肤炎症等都有一定疗效。

名称	制作方法
凉拌马齿苋	马齿苋洗净焯水,把水沥净,按个人口味加入盐、辣椒等调味料即可。此菜口味清淡,常吃可以降低心血管疾病的发生,有很好的明目作用,对湿疹等皮肤病也有一定效果。老人每日食用少许,有延年益寿的功效,不愧叫"长寿菜"。
马齿苋拌豆芽	将摘掉质老部分的马齿苋洗净,黄豆芽去根后洗净;分别将两种材料放入沸水中煮至断生,捞出,沥水,放入盘内。将白糖、酱油、醋、味精、香油搅匀成味汁,浇在盘内,拌匀即成。这道菜有健脾利湿、清热解毒的功效。另外,还可润泽肤色,除肿疣,可防治青春痘。

百合

别名　强瞿、蒜脑薯等。

《本草纲目》记载

小儿天泡湿疮,暴干研末,菜子油涂,良。

释名

百合的根是许多瓣合在一起的,像大蒜一样,味道像山薯,因此叫做蒜脑薯。百合的根、叶、花都是朝四个方向生长的,而植物向外生长就叫做瞿,所以百合又叫做强瞿。

集解

百合在三月生苗,高2～3尺,叶子像短竹叶的样子,朝四面生长;五六月份在茎的上端就会长出五寸左右的六瓣白色大花,十分好看;果实有点像马兜铃,里面的子也很像马兜铃的子。种植的时候和种蒜一样,种下瓣就行了。野生的老根每年都会自己生长。

根

气味:甘,平,无毒。

主治:能补充元气,通利大小便。还可治疗腹胀、心痛,有消除浮肿和止痛的作用。能够达到润肺止咳的效果。

科学新概念

营养成分

蛋白质、钙、磷、铁、维生素 B_1、维生素 B_2、维生素 C 等。

健康效果

百合用途极广,可治疗神经衰弱、食欲不振、心神不安、肺结核等症,对便秘者也有疗效。百合中含有一定的润肤成分,所以多吃百合的人皮肤不易干燥,脸上皱纹少,有美容的功效。

自然配方

名称	制作方法
百合粥	将百合和米同时下锅,小火煮烂即可。此粥有滋补安神的作用,利于中老年人及病后身体虚弱而有心烦失眠、易怒者食用。
百合银耳汤	现将洗净的百合下锅,煮至八成熟时加入银耳及适量冰糖即可。此汤润肺止咳,有滋补作用,对病后初愈的人有特殊疗效。

冬瓜

别名　白瓜、水芝、地芝。

《本草纲目》记载

主驴马汗入疮肿痛,阴干为末涂之。又主折伤损痛。

释名

因为这种瓜在冬天成熟,所以叫冬瓜。贾思勰认为,这种瓜一般在正月或二三月种植,如果在十月份下种要比春天种的又大又好吃,这也许就是叫冬瓜的原因。

集解

冬瓜在三月份会长出苗和蔓,叶子又大又圆,有一个小尖儿,茎和叶都有刺毛,六七月会开出黄花,果实很大,有 3～4 尺长,直径大概有一尺左右。瓜嫩时是绿色的,外面有小绒毛,外皮很厚也很硬,里面的瓜肉又白又肥美。白色的瓜瓤叫做瓜练,像棉絮一样,可以用它来洗衣服。瓜子叫瓜犀,瓜子仁也可以食用。

冬瓜

气味:甘、微寒、无毒。

主治:可以通利小便,有解毒的作用。还可以促进消化,滋补身体。有消除毒疮和热痱子的功效。

科学新概念

营养成分

蛋白质、胡萝卜素、钙、钾、磷、粗纤维、多种维生素等。

健康效果

冬瓜内的有效成分,可防止人体内脂肪堆积,具有减肥、降脂、美容的功效。冬瓜内含钠量低,是肾病而致浮肿患者的佳品,夏天吃冬瓜还有解暑的功效。

自然配方

名称	制作方法
冬瓜汁	冬瓜捣成汁,外洗可治痔疮疼痛;外敷可治脚气、夏天生痱子;内服有解毒功效。
冬瓜汤	冬瓜切片熬汤(不加调味品)即可。此汤俗名"神仙汤"。长期饮用,对糖尿病、冠心病、动脉硬化、高血压及肥胖病患者都有良好的辅助治疗作用。夏日饮用有清凉祛暑的功效。

丝瓜

别名 天丝瓜、天罗、布瓜、蛮瓜等。

《本草纲目》记载

去风化痰,凉血解毒,杀虫,通经络,行血脉,下乳汁,治大小便下血,痔漏崩中……

释名

这种瓜老的时候里面的筋丝缠绕在一起,因此叫做丝瓜。因为是从南方少数民族地方传来的,所以又叫做蛮瓜。

集解

丝瓜,在唐宋以前从未听说过,现在大江南北到处都有,是家常菜。二月份播种,等苗长出来时须用树枝、竹枝引瓜蔓。叶子有蜀葵那样大,但有一些分叉,并且上面有细毛刺,叶子榨汁可以做绿色的染料;瓜茎有棱;每年六七月开黄色的花;瓜一般有一尺左右长,最大的有 3～4 尺,深绿色的瓜外面有皱纹,瓜头有点像鳖头。

瓜嫩的时候可以去皮食用,可以烹制、爆炒,都很好吃;瓜老的时候就像杵一样大,里面的筋丝缠绕在一起就像人工编制的那样紧密,不能食用但可以擦鞋,洗擦锅碗,因此有人也把它叫做洗锅罗瓜。丝瓜的花苞、嫩叶以及卷须都可以食用。

瓜

气味:甘,平,无毒。

主治:能够清热化痰、凉血解毒。还可以疏通经络,治疗大小便带血,去除寄生虫,消除痘疮。

子

气味:苦丝瓜子性寒有毒;甜丝瓜子无毒。

主治:苦丝瓜子可治四肢浮肿,有消肿利湿的作用。甜丝瓜子能除烦止渴,还有利尿、调心肺、驱虫的功效。

叶

主治:可以清热解毒。长有癣疮者,用丝瓜叶在患处揉搓,有一定的治疗效果。

科学新概念

营养成分

蛋白质、钙、磷、铁及维生素 B 族、维生素 C、粗纤维、胡萝卜素、皂苷、木胶等。

健康效果

丝瓜中的维生素 C 含量较高,可用于抗坏血病及预防各种维生素 C 缺乏症。丝瓜中的维生素 B 有利于小儿及中老年人大脑保健,有预防老年痴呆的功效。另外,丝瓜也是美容的佳品。

自然配方

名称	制作方法
丝瓜汁	丝瓜汁制作极其简单,但一定要用鲜丝瓜榨汁,否则功效就会差很多。丝瓜汁有"美容水"之称。用纱布类物品蘸汁,均匀擦脸及肌肤,慢慢风干后,洗净即可。丝瓜汁可以保持皮肤的水分,保持皮肤弹性,有抗皱美容的功效。丝瓜汁中加入适量蜂蜜、糖,饮用后可以清热止咳化痰。
丝瓜瘦肉汤	将丝瓜和瘦肉切丁,加水熬汤,肉熟后加入适量盐即可。此汤夏季服用有清热祛火的功效,可以预防夏季中暑。夏季露天作业的工作人员最宜食用。
丝瓜美容方	将洗净的新鲜丝瓜切碎,用纱布包好,挤出汁,加入等量的药用酒精和蜂蜜,搅拌均匀后即可使用。每天晚上搽于面部1次,20分钟后洗净,连续一个月,就可减轻皱纹,让皮肤变得光润、有弹性。

大蒜

别名　葫、荤菜。

《本草纲目》记载

纳肛中,能通幽门,治关格不通。

释名

张骞出使西域,从那里带回了大蒜。因为大蒜来自胡地,所以大蒜也叫葫。中国原来有蒜,就叫小蒜。

集解

大蒜和小蒜都是在八月份下种,到了春天可以吃蒜苗,夏初的时候可以吃蒜薹,五月份可以吃蒜的根,秋天就能收获种子了。北方人很喜欢吃蒜,成为每日必备的食物。

大蒜

气味:辛,温,有毒。

主治:可以散痈肿和毒疮,祛除风邪,消除毒气和蚊虫叮咬带来的痛痒。还可以促进消化，健脾补肾，有滋补身体的作用。能除风湿，破冷气，消除腹部包块，治疗癣等皮肤疾病。如果是用熟醋浸泡多年的大蒜，捣烂后用温水服下，可以治疗中暑导致的昏迷。捣碎后贴在脚心处，可以治疗流鼻血不止。捣汁喝下，可医治吐血和心绞痛。做成膏敷在肚脐上，能通利大小便。

科学新概念

营养成分

蛋白质、钙、磷、铁、大蒜素、维生素 C 等。

健康效果

大蒜的强力杀菌和抗菌消炎作用，是目前发现的天然植物中最强的一种。大蒜还可以防治肿瘤和癌症，居全世界最具抗癌潜力的植物中的首位。此外大蒜有排毒清肠、预防肠胃疾病的功效。能清除肠胃中的有毒物质，刺激胃肠粘膜，促进食欲，加速消化。大蒜可促进胰岛素的分泌，降低血糖，预防糖尿病。防止心脑血管中的脂肪沉积，降低胆固醇，调节血压，从而抑制血栓的形成和预防动脉硬化，防治心脑血管疾病。大蒜中的微量元素硒，能清除毒素，减轻肝脏的解毒负担，从而达到保护肝脏的目的。大蒜还能有效地补充肾脏所需物质，改善因肾气不足而引发的浑身无力症状，并可促进精子的生成。大蒜中的"硫化丙烯"可预防感冒，减轻发烧、咳嗽、咽喉痛及鼻塞等感冒症状。大蒜还有很好的减肥效果。食用大蒜对皮肤有一定的美白作用。正是由于大蒜的这些特殊功效，使它成为《时代周刊》十大最佳营养食品之一。

自然配方

名称	制作方法
大蒜粥	大蒜去皮洗净，等米粥将熟时，放入煮熟即可。食用时可加入少量盐调味，此粥适用于急慢性痢疾、肺结核、中老年人高血压、动脉硬化等症。对高血脂、急性肠炎也有辅助疗效。长期食用还有抗癌、增强免疫功能、促进食欲的功效。
大蒜瓣	生食大蒜瓣对风湿性关节炎有一定的预防作用，能够杀灭口腔和消化道细菌，被誉为"天然抗生素"。

名称	制作方法
糖醋蒜	将老陈醋加糖熬开后晾凉,倒入容器内;鲜蒜剥皮后晾1~2天,放入醋中,将容器口密封。置于阴凉处,10~15天后即可食用。此蒜有健脾开胃、化积利咽之效,食之可刺激口腔唾液的分泌,缓解口干症状,增强食欲。

荠

别名　护生草。

《本草纲目》记载

利肝和中。利五脏。

释名

荠菜滋养众多生灵,所以叫做荠。僧人用荠菜的茎来拨动油灯或蜡烛的灯芯,调节灯的亮度,茎加热后所产生的气味,有驱赶蚊虫、飞蛾的作用,因为客观上避免了蚊虫、飞蛾被火烧掉,保护了生命,所以也叫护生草。

集解

荠菜有大有小。小一些的荠菜,叶子、花和茎都是扁平的,这样的荠菜味道鲜美,叶、花最小的叫做沙荠。大一些的荠菜,叶子很大,但味道不好。冬至后荠菜就会长出苗来,到了二三月茎就有5~6寸高了。所有的荠菜开花时都是白色的小花。结的豆荚有三个角,豆荚内有很小的子,在四月份便可以采收。

荠

气味:甘,温,无毒。

主治:可以养肝、护肝,滋补元气。还可以治疗眼痛,有明目的作用。

根

气味:甘,温,无毒。

主治:有明目的功效,可治疗眼痛。对脾胃也有一定的补益作用。

实

气味:甘,平,无毒。

主治:可滋补五脏,治疗眼痛和青光眼,使眼睛明亮。还可以治疗腹胀、腹痛,解热毒。

科学新概念

营养成分

钙、磷、铁、胡萝卜素、维生素 B、尼克酸、维生素 C 等。

健康效果

食用荠菜可以增强身体的免疫力,还可降低血压,有健胃消食的功效,可防治夜盲症、胃溃疡、痢疾、肠炎、癌症等。

自然配方

名称	制作方法
荠菜蜜枣汤	将荠菜和蜜枣洗净后,注入适量清水,旺火煮沸,再转为小火煮2小时即可。此汤清香甘甜,可健脾止血。
豆腐拌荠菜	豆腐切块,过水焯一下,荠菜洗净焯一下,沥净。将豆腐和荠菜放在盘中,根据个人口味加入适量的调味品即可。此菜清新爽口,营养丰富。经常食用有降血压、降血脂的功效,还有减肥的作用。
荠菜粥	荠菜洗净,切小块。粳米熬粥,煮至八成熟时,加入荠菜,煮熟即可,食用时可加少量的盐。经常食用荠菜粥,可以防治冠心病、肥胖症、糖尿病等。
荠菜秧鸡片	将秧鸡肉切成薄片,用盐、料酒、蛋清、湿淀粉搅匀,再加香油拌和。锅内下油烧至四成热时,把秧鸡片入锅滑开,倒出。锅内留少许油,放入葱段略煸,加笋片、荠菜末煸炒后,即倒入秧鸡片,加入料酒、清水、味精、醋、盐,最后用湿淀粉勾芡,淋上香油出锅即可。此道菜具有补益脾胃、通利水道的功效,适用于脾胃虚弱、久泻、浮肿、腹水等患者。

葫芦

别名　壶卢、匏瓜。

《本草纲目》记载

除烦,治心热,利小肠,润心肺,治石淋。

释名

古称"壶卢"。壶,是一种酒器;卢,是一种吃饭用的器皿。这种植物长得特别像喝酒、吃饭用的器皿,所以叫壶卢。其中特别圆的叫匏,因为可以在水上像瓢一样漂着,所以又叫瓢。

集解

葫芦有许多种类,如长瓠、匏瓜、蒲芦等。虽然它们的名称、形状都不一样,但都属于同一类。这些种类到处都有,只不过人们了解、利用的时间有先有后罢了。所有的种类都在正月、二月下种,长出苗时需要引蔓。叶子有些像冬瓜的叶子,只不过外面长有细毛,外形有些圆。长成后大一些的可以做成盆,小一些的可以做成碗或酒杯,绑在一起可以像船一样浮在水面,还可以做成像笙一样的乐器,里面的瓤可以食用。由此可见,葫芦的用途是非常广泛的。

葫芦

气味:甘、平、滑、无毒。

主治:可以解热毒,利尿,消热,治泌尿系统结石;可以消除恶疮,有消肿止痛的作用。

科学新概念

营养成分

蛋白质、维生素A、胡萝卜素、硫胺素、维生素C、钙、磷、钾等。

健康效果

葫芦能增强身体免疫力,有降低血糖的功效,同时还有一定的防癌、抗癌的功效,尤适宜于身体虚弱的老年人及糖尿病患者。

自然配方

名称	制作方法
葫芦茶	将陈葫芦研末,和绿茶混合在一起,用沸水冲泡,当茶饮用。经常饮用此茶,有降血脂、降血糖的功效。

莴苣

别名　莴菜、千金菜。

《本草纲目》记载
利五脏,通经脉,开胸膈,功同白苣。

释名
据说莴苣来自呙国,因此叫莴苣。

集解

莴苣每年正月、二月下种,最适宜种在肥沃的土地里。莴苣的叶子有些像白苣的叶子,只不过稍尖,而且有些发青。如把叶子折断,里面就会流出白色粘手的汁液;每年四月会抽出3~4尺高的薹来。莴苣可以剥皮生吃,如果用酒或糟腌制一下,味道更好。

菜
气味: 苦,冷,微毒。
主治: 可滋阴养肝,滋补元气。还可治疗眼痛,有明目的作用。

科学新概念

营养成分
维生素 A、胡萝卜素、维生素 C、钙、磷、钾、钠等。

健康效果
食用莴苣能增强胃液,刺激消化,增进食欲,并具有镇痛和催眠的作用。同时,莴苣中的有效成分可以滋润皮肤,清洁口腔,预防龋齿,还有极强的抗衰老、抗癌作用。

自然配方

名称	制作方法
凉拌莴苣	莴苣去皮、去叶,洗净切成丝,用开水焯一下,放入凉水中过凉,沥干放入盘中,撒上味精、白糖等调味品,拌和均匀即可食用。此菜清凉爽口,可以促进消化,增进食欲,经常食用可以滋润皮肤,有抗衰老的作用。
莴苣粥	莴苣去皮、去叶,洗净切成小块,用水煮15分钟后,加入粳米煮粥,熟时加入适量白糖。此粥有健脾胃、通乳汁的功效,适用于妇女产后缺乳等症。经常食用还可以有效预防和治疗痔疮。

竹笋

别名 竹萌、竹芽等。

《本草纲目》记载

主消渴,利水道,益气力,可久食。

释名

生长一旬(十日)以内的竹子,就叫笋,一旬以外的就叫竹了。所以筍(笋的异体字)字是由"竹"和"旬"组成的。

集解

笋有可以食用的,有不可以食用的。整体来看还是南方较多。竹子分雌雄,从根上看第一枝双生的一定是雌的,而雌的旁边就一定有笋出现。江南人冬天会挖掘大竹根下没有出土的冬笋,这是不可多得的珍品。一般来说,吃笋就像吃药,如果方法得当就会有益于人,反之则会给人带来伤害。

竹笋

气味:甘,微寒,无毒。

主治:可治消渴症。经常食用有益气的功效。还能利膈下气,清热化痰。

科学新概念

营养成分

蛋白质、维生素 C、维生素 E、钙、磷、钠、钾等。

健康效果

经常食用竹笋可增强机体的免疫力,对消化不良、便秘等症也有一定的疗效。

自然配方

名称	制作方法
凉拌鲜竹笋	鲜竹笋煮熟,与生姜、醋拌在一起食用,可治痰多咳嗽。

茄

别名　落苏、昆仑、草鳖甲。

《本草纲目》记载

治寒热、五脏劳。散血止痛,消肿宽肠。

释名

茄又叫落苏,但其得名的原因尚不清楚。据说是隋炀帝把茄改名叫昆仑瓜。因为鳖甲能治疟疾,而茄也能治,所以有的医书便把茄叫做草鳖甲。

集解

茄最高能长到 2~3 尺,叶子很大,像成人的手掌一样。茄的花期很长,由夏至秋都开紫色的五瓣小花,黄色的花蕊,绿色的花蒂,花蒂包着茄子。茄里有瓤,瓤中有像芝麻一样的子。茄的颜色有青色的,有紫色的,也有白色的。白色的茄又叫银茄,味道最好。无论什么颜色的茄老的时候都会变成黄色。苏颂认为黄色的茄是一个独立的品种,其实是他没有做深入的研究。浙西人常吃的是紫皮茄子,把白色的茄叫做水茄;江西人常吃的是白色的茄子,把紫色的茄叫做水茄。这便是地区之间的差异。

茄子

气味:甘,微寒,无毒。

主治:滋补五脏,消肿止痛,活血散淤。

科学新概念

营养成分

维生素 A、维生素 B、维生素 C、维生素 P、蛋白质、钙、磷、铁等。

健康效果

茄子有清热解毒、活血散淤的功效。对防治高血压、动脉硬化、心脏病有一定的作用,还有很强的抗癌性。

自然配方

名称	制作方法
蒜泥茄子	茄子上锅蒸熟,晾凉切条,放入盘中。大蒜捣成泥,和盐等调味品倒入盘中拌匀即可。经常食用有降血压、降血脂的作用,还有一定的防癌效果。

苦瓜

别名　锦荔枝、癞葡萄

《本草纲目》记载

除邪热,解劳乏,清心明目,益气壮阳。

释名

这种瓜因其味苦而得名。苦瓜的茎叶和荔枝、葡萄类似,所以又有锦荔枝、癞葡萄这样的名字。

集解

苦瓜原产自南方,现在闽、广两地都有种植。每年五月份下种,长出的茎叶都有卷须,和葡萄的茎叶相似,只不过比葡萄的小了一些。七八月份会长出像碗一样的黄色小花。结的瓜最大的有五寸,最小的只有两寸。未成熟时瓜是青色的,外皮粗糙,和荔枝的外壳相似。等到成熟时,瓜就变成黄色,并且自然裂开,露出里面的瓤和子。有人说苏门答腊有一种瓜,外皮像荔枝一样,散发着像烂蒜一样的臭味,但切开吃里面的瓤,口感香甜,十分好吃,大概这就是苦瓜中的一种。

瓜

气味:苦,寒,无毒。

主治:可以祛热解署,解疲劳,还有清心明目的作用。

子

气味:苦,甘,无毒。

主治:益气壮阳。

科学新概念

营养成分

蛋白质、胡萝卜素、维生素 B、维生素 C、钙、铁、镁等。

健康效果

苦瓜中含有丰富的营养及多种微量元素,经常食用能增强机体免疫力,促进皮肤新陈代谢,使肌肤细腻光滑而有弹性。苦瓜还有消炎退热、防癌抗癌和减肥的功效。

自然配方

名称	制作方法
凉拌苦瓜	苦瓜切条,用开水焯后,放入凉水中过凉,沥净放入盘中。加入一些配菜和调料即可食用。此菜经常食用可以降血糖。

木耳

别名　木菌、木蛾等。

《本草纲目》记载

益气不饥,轻身强志。断骨治痔。

释名

木耳生长在腐朽的木头上,没有枝干,也没有树叶,是由潮湿的空气作用而成的。

集解

各种木头腐朽了都可以长出木耳,因此,木耳药性的好坏和木头质量密切相关。所以,木耳入药时必须要仔细地观察。现在市场上卖的木耳,都是用不同种类的木头生的,只不过大多数都说是桑树、榆树、柳树等木生的罢了。

木耳

气味:甘,平,有小毒。

主治:可以补益元气,滋补身体;强身健体,也有治疗痔疮的作用。

科学新概念

营养成分

蛋白质、胡萝卜素、维生素 A、维生素 K、钾、铁、锰、磷等。

健康效果

木耳中的有效成分可以起到清理肠胃的作用,可以促进消化吸收,预防血栓及动脉硬化。经常食用可强健身体,防癌抗癌。

自然配方

名称	制作方法
清拌木耳	木耳水发,在热水中焯一下,去生,沥净,根据个人口味加入适量调味品即可。经常食用可滋润肌肤,调理肠胃。对高血压、高血脂、癌症都有较好的防治功效。同时还利于减肥,极适宜于心脑血管病患者食用。
木耳红枣汤	木耳泡发好,和红枣同时放入锅中,加入适量清水和冰糖,煮至汤浓即可。此汤有较强的补血作用,适宜于贫血者及病后初愈者食用。

鱼腥草

别名 蕺、蕺菜、紫蕺、蒩菜

《本草纲目》记载

散热毒痈肿,疮痔脱肛,断痁疾,解硇毒。

释名

鱼腥草也叫紫蕺,秦人叫这种植物菹子,是因为菹和蕺发音接近。因为这种植物叶子有一种腥气,所以百姓叫它鱼腥草。

集解

鱼腥草长在湿地或山谷阴凉处,茎紫赤色。叶子像荞麦,但比荞麦更肥大一些,颜色为一边红,一边青。山南和江东地区的人喜欢生吃,关中地区的人叫它菹菜。

叶

气味:辛,微温,有小毒。

主治:放淡竹筒内煨熟,捣烂外敷,可以治恶疮、白秃、痔疮、脱肛等症,还有解毒散热的功效。

科学新概念

营养成分

钾、钙、磷、维生素C、胡萝卜素、鱼腥草素等。

健康效果

鱼腥草有极强的抗菌、抗病毒和利尿的作用,还有镇痛、止咳、止血的功效,可用于支气管炎、肺炎等病的治疗。对便秘和疟疾也有一定的疗效。经常食用还可以增强身体免疫力,有防病的作用。

自然配方

名称	制作方法
鱼腥草白梨汤	鱼腥草适量,加清水熬制15分钟后,去渣留汁备用。白梨去皮、去核,切块,放入药汁中,再加入适量清水和白糖,煮至白梨软烂即可。经常食用此汁有清热解毒、滋阴降火润肺去燥的作用,对咽炎气管炎都有一定的疗效。
鱼腥草煮猪肺	猪肺切块,洗净放入锅中,加水,小火慢炖至猪肺将熟时,放入鱼腥草、沙参再炖20分钟,加调料调味即可。吃猪肺喝汤,具有滋阴养肺、解毒排脓的功效。

灵芝

别名　石耳。

《本草纲目》记载

久食益色,至老不改,令人不饥,大小便少。明目益精。

集解

灵芝长在天台山、四明山、黄山及河南、宣州、巴西等地的山上,远处望去,像烟一样。庐山上的灵芝也很多,外形像地耳一样,山中的僧人采下来晒干,当作礼品赠送他人。把灵芝洗去沙土后食用,做菜要比木耳好吃得多,是不可多得的珍品。

灵芝

气味:甘,平,无毒。

主治:经常食用可以滋润皮肤,延年益寿,还有明目益精的作用。

科学新概念

营养成分

蛋白质、灵芝多糖、灵芝多肽、三萜类、甾类、甘露醇、香豆精苷、生物碱、铁、钙、钾等。

健康效果

灵芝具有清肺热、养胃阴滋肾水、益气活血、补脑强心的功效。对肺热咳嗽、肺燥干咳、胃肠有热、便秘下血、头晕耳鸣、月经不调、冠心病、高血压等均有良好的食疗效果。

自然配方

名称	制作方法
石耳炖鸡	灵芝洗净,鸡去内脏、切块。一起放入锅中加清水炖煮,加适量调味料,煮至肉烂即可。此菜味道鲜美,营养丰富,有滋补作用,可养阴止血,补虚益气,适宜于身体虚弱者进补。

名称	制作方法
红枣石耳羹	灵芝洗净,红枣洗净去核,加适量清水和冰糖,煮20分钟,煮至汤微稠时即可。此汤软滑香甜,有极强的补血作用,适宜于病后初愈者食用。此汤同时还对胃溃疡有一定疗效,长喝此汤还有防癌抗癌的作用。

芋

别名 土芝、蹲鸱。

《本草纲目》记载

宽肠胃,充肌肤,滑中,冷啖,疗烦热,止渴。令人肥白,开胃。通肠闭。

释名

芋就是吁。其大叶实根,样子骇人。芋取其音同"吁",大概就是因为其样貌奇怪。

集解

芋的种类多,有水、旱两种,旱芋适宜种在山地上,水芋适宜种在水田中。它们的叶子很像,但水芋的味道更佳。芋一般不开花,偶尔有在七八月间开的,抽茎生黄花,旁边有一个长萼,看起来很像半朵莲花的样子。芋有十四种:有个大如斗的君子芋;有赤鹅芋,也叫连禅芋,个大但是芋子少;有个大芋子也多的白果芋,一亩能收一百斛芋子;有青边芋、旁巨芋、车芋,都是个子大、芋子少的品种;有味道很好的长味芋,茎也可以食用;有颜色发黄的鸡子芋;有个头大但是难吃的九面芋;有不能食用的青芋、曹芋、象芋,只有芋茎可以用来腌制酸菜;有九月份成熟的旱芋;有附生在枝上的蔓芋,能结出二三升的芋子。

子

气味:辛,平,滑,有小毒。

主治:能宽肠胃,滋养肌肤,食之可使肌肤丰满白皙。产妇食用会破血,煮汤食用可治疗消渴。吃冷芋子,治疗烦热,能止渴。

科学新概念

营养成分

蛋白质、钙、铁、磷、维生素 B_1、维生素 B_2、维生素 C、胡萝卜素等。

健康效果

芋头能够合理运送营养物质,使皮肤润泽,同时提高机体的免疫力。其含有较高量的氟,有洁齿固齿、防龋的作用。同时含有的一种高分子植物胶体,有止泻的作用。一般芋头可以作为防治癌瘤的主要膳食。

第二章　五谷当为助
——果、木部本草

果 部

西瓜

别名　寒瓜。

《本草纲目》记载

消烦止渴,解暑热,疗喉痹。宽中下一气,利小水,治血痢,解酒毒。含汁,治口奄。口、舌、唇内生疮,烧研噙之。

释名

根据《胡峤陷虏记》记载,胡峤在征伐西北民族的时候得到了这种植物的种子,因此把它叫做"西瓜"。

集解

根据《胡峤陷虏记》所载,西瓜是从五代的时候传入中国的,现在南方和北方都种植了很多,但是南方西瓜的味道稍差,属于甜瓜一类。二月份的时候开始播种,长出藤蔓,花朵和叶片都和甜瓜类似。七八月份的时候西瓜就成熟了,有的瓜围达到一尺,有的甚至达到二尺。有的西瓜有瓜棱,有的则没有;有的是青色的,有的则是绿色的;有的是红瓤,有的是白瓤,红瓤的味道最佳。瓜子有黄色、红色、黑色和白色,但有白色子的瓜,味道最差。总的来说,西瓜的味道分甜、淡、酸三种,甜味瓜最好,酸味瓜最差。西瓜子经暴晒之后取出瓜仁,生吃和炒着吃都很美味。瓜皮不能直接生吃,但是可以做成蜜饯和果酱。

瓜瓤

气味:甘,淡,寒,无毒。

主治:可以消烦解渴,清热解暑,治疗咽喉肿痛,利尿,解除酒精中毒。含着西瓜汁,还可以治疗口疮。

皮

气味:甘,凉,无毒。

主治:烧研成末,口含,可以治疗口、舌、唇内生疮。

瓜子仁

气味:甘,寒,无毒。

主治:能清肺润肠,止渴。研磨后口服可以去除肠胃的油脂。

科学新概念

营养成分

蛋白质、葡萄糖、蔗糖、果糖、苹果酸、胡萝卜素、番茄烃、维生素 A、维生素 B、维生素 C 等。

健康效果

西瓜可以清热解暑,补充身体所缺乏的水分,利尿,对黄疸有一定的治疗作用。另外,新鲜的西瓜汁和瓜皮还有美容的效果。

自然配方

名称	制作方法
西瓜汁	西瓜汁的制作方法其实非常简单,直接榨取就可以。西瓜汁不仅能够补充人身体所缺乏的水分,还能够补充人身体所缺乏的维生素等营养物质。它对于女性有着更重要的作用,因为这些营养成分特别容易被肌肤所吸收,能够使皮肤润滑、光泽。另外,很多办公室女性由于长期坐在办公桌旁边,腿部很容易浮肿,而西瓜汁的利尿作用可以把盐分排出体外,减轻浮肿的程度,又可以补充美腿所需要的钾元素,长期饮用可以让女性获得漂亮的腿型。
美容水	把瓜瓤打碎或者压碎,滤出来的汁水,就是天然的美容水。西瓜美容水不含任何有害化学成分,不会伤害肌肤,在早晚洁面之后使用可以减少皱纹,使肌肤充满弹性,亮丽有光泽。

葡萄

别名 蒲桃、草龙珠。

《本草纲目》记载

逐水,利小便。除肠间水,调中治淋。时气痘疮不出,食之,或研酒饮,甚效。

释名

根据《汉书》记载,西汉时张骞从西域返回,才将葡萄种子带回中原,此后逐渐在中国开始大面积种植。葡萄可以造酒,但酒精度数不高,酒性不烈,喝醉的人有一种陶然自得的感觉,因此,《汉书》中把它叫做蒲桃(与"陶"同音)。根据外形、颜色来区分不同品种的葡萄,圆形的叫做草龙珠,稍长一些的叫做马乳葡萄,白色的叫做水晶葡萄,黑色的叫做紫葡萄。

集解

葡萄在七八月份成熟,一般有紫色、白色两种颜色。但蜀地有一种葡萄,全熟的时候也是绿色的。云南出产的一种葡萄像枣一样大,味道特别甜美。西方有一种葡萄,像五味子一样大,但是没有核,异于其他种类的葡萄。如果把甘草刺入葡萄,葡萄马上就死掉了。如果把麝香放入葡萄里,葡萄就会有一种特别的香味。原来,葡萄也有自己的喜好,就如同人们对花草有不同的好恶一样。

果实

气味:甘、涩,平,无毒。

主治:有益气的功效,可以强身健体,增强机体的免疫力;可以通利小便,消除四肢浮肿;可以治疗腰腿酸痛,有壮筋骨的功效;还可以缓解风湿带来的病痛。

根、藤、叶

气味:甘、涩,平,无毒。

主治:煮浓汁服用,可以止呕吐,有安胎的功效。

葡萄子

主治:有抗氧化的功效。

科学新概念

营养成分

维生素 A、维生素 C、钾、葡萄糖、蛋白质、钙、铁、胡萝卜素等。

健康效果

葡萄酸甜可口,在夏末秋初时食用可除烦解渴。把葡萄制成葡萄干后,糖和铁的含量会相对增强,对妇女、儿童和体弱贫血者有滋补之功效。以葡萄为原材料制成的葡萄酒,可以降低胆固醇,预防动脉硬化和心脑血管疾病。葡萄的这些优点,使得它在世界上大量种植,占到了水果产量的 1/4,叫做"水果之神"。

自然配方

名称	制作方法
葡萄汁	将葡萄去梗洗净,用榨汁机榨汁,在汁中加入适量白糖即可。葡萄汁是口味甘甜的饮料,同时有利尿、增进食欲的功效。
葡萄干	饭前吃 6～9 克葡萄干,既能开胃,又有滋补作用,对老年人及患慢性胃炎的人功效极好。另外,醋制葡萄干也是对健康十分有益的食品。把大约十天量(200 克左右)的葡萄干放入到 1 升的容器当中,浸醋后密封。葡萄干吸纳醋水之后膨胀,一昼夜后就可以取食。醋制葡萄干可以恢复视力、消除疲劳,还可以延缓衰老。
西瓜葡萄汁	将西瓜瓜蒂部切下一块作盖,瓜瓤掏小洞,放入洗净的葡萄干,盖好盖子,用竹签封口,外面用黄泥糊严,放入冰箱中冷藏 2 日即可饮汁。此汁可除烦利尿,息风降压,对高血压有辅助治疗的功效。

龙眼

别名 龙目、荔枝奴。

《本草纲目》记载

开胃益脾,补虚长智。

释名

这种水果以龙目、龙眼为名,是根据它的外形而来的。荔枝刚刚下市,龙眼就成熟了,所以南方人又把它叫做荔枝奴。

集解

龙眼怕冷,一般在白露之后采摘下来,经日晒火烤使其干燥,这样便于保存。有一种叫山龙眼的植物,长在广东地区,果实为青色,肉质很像龙眼,但在夏天就成熟了。不知这是否为龙眼的野生品种。

实

气味: 甘、平,无毒。

主治: 开胃健脾,对治疗厌食症有一定的帮助;去除寄生虫,有解毒的功效;强身健体,有延年益寿的功效。

科学新概念

营养成分

维生素 C、胡萝卜素、铁、硒,钾、尼克酸等。

健康效果

自古以来,龙眼就被视为滋补佳品,其营养价值非一般水果可比,有"神果"之称,长期食用有壮阳益气、补益心脾、养血安神、润肤美容等多种功效,对贫血、失眠、健忘、神经衰弱等症均有疗效,尤适宜老年人及久病初愈者。

自然配方

名称	制作方法
龙眼粥	将龙眼肉和粳米一起下锅煮,煮至烂熟即可。此粥营养丰富,有滋补作用。长期食用还可以治疗贫血、失眠、健忘等症,可以润肤养颜,有一定的美容作用。
龙眼莲子汤	将莲子洗净泡发,放入锅中煮至八成熟,加入洗净的龙眼肉,煮至烂熟即可。此汤长期饮用对贫血、神经衰弱、盗汗、心悸等症有一定疗效。

核桃

别名 羌桃、胡桃。

《本草纲目》记载

补气养血,润燥化痰,益命门,利三焦,温肺润肠,治虚寒喘咳,腰脚重疼,心腹疝痛,血痢肠风,散肿毒,发痘疮,制铜毒。

释名

这种水果原本出自羌胡地区,汉朝时张骞出使西域才被带回到中原地区。这种水果外面有青色的皮和果肉,核桃是这种水果的核。因羌人"胡"与"核"同音,故核桃又称胡桃。

集解

核桃树大约有一丈高,春天长出叶子,有四五寸长,有些像大青叶;三月份开花,与栗花相似,花穗呈苍黄色;秋天结果,果实像青桃。把果实采下来,沤烂外皮和果肉,果核就是核桃。南方有一种山核桃,底部很平,像槟榔一样,这种核桃外皮很厚并且十分坚硬,果肉多但核小,核的外壳也很硬,食用时要用硬物用力砸开。由此可见,南方也产核桃,但不好吃。

核桃仁

气味:甘、平、温、无毒。

主治:可以强健身体,乌须发;多食用可以利小便,治痔疮;温肺润肠,治疗气喘咳嗽。

科学新概念

营养成分

维生素 A、维生素 C、维生素 E、蛋白质、磷、镁、钾等。

健康效果

核桃是健脑补脑和治疗神经衰弱的良药。核桃含有丰富的微量元素,对保持心血管健康、保持内分泌的正常功能和抗衰老等有重要作用。

自然配方

名称	制作方法
核桃粥	将碎核桃仁放入五成熟的粥中，煮熟即可。此粥有补脑、养颜、抗衰老的功效，可治疗神经衰弱、高血压、冠心病、肺气肿、胃痛等症，对慢性气管炎和哮喘病患者也有疗效。

山楂

别名　鼠楂、猴楂、山里果等。

《本草纲目》记载

化饮食，消肉积、癥瘕、痰饮、痞满吞酸，滞血痛胀。

释名

这种水果味道像楂子，所以叫山楂。山楂长在深山的密林中，鼠和猴特别喜欢吃，所以又有鼠楂、猴楂这样的别名。

集解

山楂有两种，都长在山中。一种可作药用，高数尺，叶子有五个小尖，树枝上还有小刺。三月份会开五个花瓣的小白花。果实有黄色和红色两种，九月份成熟。闽人把成熟的果实去皮、去核，加入糖和蜂蜜再捣成饼，做成山楂糕，十分好吃。另一种山里人称它杭子。树有一丈多高，花、味均与前者相似，只是果实稍大，颜色为黄绿色。味道起初酸涩，经霜后才能食用，功效与前种相同。

实

气味：酸，冷，无毒。

主治：可以开胃健脾，有促进消化的作用；可以活血化淤，有一定的强身健体的功效；可以止痢疾；煎汁擦洗，可以解痒，对皮肤病也有一定的疗效。

科学新概念

营养成分

胡萝卜素、维生素 C、柠檬酸、山楂酸、苹果酸、钙、铁等。

健康效果

山楂有开胃消食的作用,还可以防治心血管疾病,降低血压和胆固醇,软化血管,对老年性心脏病也有益处,经常食用能增强机体的免疫力,有防衰老、抗癌的作用。

自然配方

名称	制作方法
山楂汤	山楂去子洗净,加入适量清水及冰糖,煮至山楂软烂即可。饮用此汤有去火消食的功效,还可以预防心血管疾病、动脉硬化,还有改善睡眠的作用。

枇杷

别名 焦子

《本草纲目》记载

和胃降气,清热解暑毒,疗脚气。

释名

这种水果的叶子外形像琵琶,所以得了枇杷这个名字。

集解

枇杷十分容易种植,叶子有点像栗子树的叶子,冬天开花,春天结果。子一团一团挤在一起,连结成串,外层有小绒毛。四月枇杷成熟时,果实大的如鸡蛋,小的只有龙眼大小。白色的味道最好,而黄色的味道就差一些了。广东有一种枇杷叫焦子,它是没有核的枇杷。

实

气味:甘、酸,平,无毒。

主治:可以止吐,有调养身体的作用;可以滋养五脏,在一定程度上能预防肺病。

叶

气味:苦,平,无毒。

主治:可以止吐,有调养肠胃的作用;可以治肺病,止咳嗽;还能清热解暑,治脚气。

科学新概念

营养成分

果胶、钙、磷、铁、维生素 B、维生素 C、苹果酸、柠檬酸等。

健康效果

枇杷可以消暑止渴，促进消化和吸收；可以治疗咳嗽，有预防感冒的作用；对癌症也有一定的预防作用。枇杷叶还可以止呕吐。

自然配方

名称	制作方法
冰糖枇杷饮	枇杷去皮、去核，放入锅中加入适量的水和冰糖，煮至软烂即可。此饮香甜可口，凉吃风味更佳。食用此饮可以止咳化痰，预防感冒，有一定滋补作用。长期食用可以提高身体免疫力和抗病能力。

桃

《本草纲目》记载

主血滞风痹骨蒸，肝疟寒热，鬼注疼痛，产后血病。

释名

桃开花较早，易于种植并且产量高，所以取代表十亿的"兆"和"木"共同组成了"桃"字。

集解

桃的品种很多，易于种植，并且结果也早。桃花有白色、红色、紫色等许多种颜色。桃的品种很多，从颜色划分，有红桃、白桃、乌桃、金桃、银桃等；从外形划分，有绵桃、油桃、御桃、方桃等；从成熟的时间来分，有早桃、冬桃、霜桃、秋桃等。这些桃都可以食用，只有一种长在山中的毛桃，果肉十分难吃，但桃仁富含油脂，可以入药，这大概就是俗语所说的外不足而内有余吧。古时候有许多关于桃的传说。据说在汉明帝时，有人献给皇上一个巨桃，这种桃下霜时开花，盛夏才结果；还有一种桃的桃核像斗斛一样大，用半个桃核就可以装一升米；而蜀后主刘禅有一个用桃核做的杯，能装五升水，水装入后不久就会变成酒。过去人们把桃叫做仙果,大概是这个原因吧。将生桃切片,煮后晒干,就可成为桃脯,口感也很好。

实

气味:苦,微温,有小毒。

主治:桃对皮肤有好处,可以养颜;桃被誉为"肺之果",因此,肺病患者宜食。

桃仁

气味:苦、甘,平,无毒。

主治:可以治心腹痛、便秘;可以杀寄生虫。

叶

气味:苦,平,无毒。

主治:清热解毒,杀虫止痒,可治疟疾、痔疮、湿疹、阴道滴虫等。

花

气味:苦,平,无毒。

主治:利水消肿,可治便秘、水肿、腹水。

科学新概念

营养成分

维生素 A、维生素 C、维生素 E、胡萝卜素、果胶、铁、钙、磷等。

健康效果

桃可以补气血,有滋补作用;还可以治便秘,促消化。因其营养丰富,药用价值高,所以有"天下第一果"之称。

自然配方

名称	制作方法
桃汁	鲜桃榨汁,味道鲜美,清凉止渴,实是消夏佳品。经常饮用,可以促进消化,也有活血养颜的功效,对胃病也有一定疗效。将桃汁和淘米水混在一起洗脸,可以滋润皮肤,美白皮肤,起到美容的效果。
滋补桃粥	鲜桃去皮、去核,切块备用。将粳米放入锅中加入适量水,煮至八成熟时,加入桃块,煮至软烂即可,食用时可加入适量白糖。此粥味道香甜,软滑香糯,有滋补功效,适宜老年人及病后初愈的人进补。

杏

别名 甜梅。

《本草纲目》记载

杀虫,治诸疮疥,消肿,去头面诸风气瘑疱。

释名

杏字的篆书写法就像一个果实挂在树枝上。有人说这个字和口有关,这种说法其实是错误的。

集解

所有品种的杏叶子都是圆而有尖的,二月开小红花。果实又甜又沙的叫沙杏,黄色有些酸的叫梅杏,青而带些黄色的叫柰杏。有一种杏叫金杏,成熟后颜色像橘子,大小像梨一样。相传蓬莱岛上有一种杏,同一棵树上能开出五种颜色的花,非常漂亮。

实

气味:酸,热,有小毒。

主治:可以开胃健脾,促进消化,止渴生津。被称为"心之果",有心病者宜食用。

杏仁

气味:甘、苦,温、冷、利,有小毒。

主治:可平喘止咳,治咽喉肿痛、疥疮。还有润心肺、消肿的功效。

科学新概念

营养成分

维生素 A、维生素 C、胡萝卜素、铁、钾、钙、磷等。

健康效果

杏营养丰富,富含维生素及多种微量元素,对身体有一定的滋补作用,同时杏对肺结核等症也有辅助疗效。杏仁还可以预防癌症。但杏有微毒,不宜多吃。

自然配方

名称	制作方法
杏仁粥	将杏仁洗净、捣碎,和粳米同时放入锅中,加入适量清水,煮至烂熟即可。此粥趁热喝可以治感冒、咳嗽等症。经常食用可以强身健体,预防疾病。

安石榴

别名 若榴、丹若、金罂。

《本草纲目》记载

咽喉燥渴。能理乳石毒。制三尸虫。

释名

榴与"瘤"同音,表示其果实成熟时像瘤子一样。据说是汉朝时期张骞出使西域,从安石国带回了它的种子,所以叫安石榴。有人则说,下种时需要先在地里安放僵石枯骨,这样它才能枝繁叶茂,所以,安石榴之名或来源于此。道士们叫安石榴为三尸酒,认为三尸虫一遇到安石榴就会醉倒。

集解

安石榴五月开花,安石榴的花只有红、黄、白三种颜色,果实有酸、甜、苦三种。有人把河阴的安石榴叫做三十八,认为这种安石榴里面只有三十八个子。南中有一种安石榴叫四季,四季皆开花,秋天结果,果刚裂开,便会再开花。还有一种叫火石榴的,颜色红得像火一样;叫海石榴的只长到 1～2 尺高时就会结果。诸如此类的都属于奇特的品种。

甘石榴

气味:甘、酸、涩、温,无毒。

主治:可以缓解咽喉干涩,有止渴的作用;可解乳石毒;能杀死三尸虫。

酸石榴

气味:酸、涩、温,无毒。

主治: 可以治痢疾, 止腹痛。

科学新概念

营养成分

维生素 B、维生素 C、有机酸、钙、磷、铁等。

健康效果

安石榴有助于消化, 可预防胃溃疡, 软化血管, 降血脂和血糖, 降低胆固醇等, 有解酒的效果。

自然配方

名称	制作方法
石榴茶	用石榴叶做茶, 经常饮用对肠炎、肠胃溃疡有明显效果, 同时具有耐缺氧、迅速解除疲劳的效果。

枣

《本草纲目》记载

补中益气, 坚志强力, 除烦闷, 疗心下悬, 除肠澼。久服不饥神仙。

释名

这种水果大的叫做枣, 小的叫做棘, 棘就是酸枣。因枣性高, 所以写为二束相重; 而棘性低, 所以为二束并列。束, 与刺同音, 因枣和棘都有刺, 取其音同。

集解

枣树是红色的, 且有刺, 四月份就会长出有光泽的小叶, 五月份开小白花。枣在南方、北方都有, 但只有在青州、晋州这两个地方生长得最好, 又大又甜, 也可以入药。枣的种类很多, 名称也非常多, 如狗牙、鸡心、牛头、羊矢、细腰、赤心、三星、木枣、夕枣、白枣、棠枣等等。等到枣全红时, 摘下来晒干, 外皮是红色而发皱的; 枣半红时, 果肉不丰满, 晒干后就是黄色的。把枣切开晒干的叫枣脯, 把枣煮熟后榨出的汁叫枣膏, 把枣蒸熟的叫胶枣, 蒸之前加入糖和蜂蜜, 味道更好。

实

气味: 甘, 平, 无毒。

主治:可滋补身体,补充元气,还有调和五脏的作用;调和阴阳,生津液。

科学新概念

营养成分
维生素 B、维生素 C、有机酸、铁、磷、钙等。

健康效果
枣可以抗过敏,益智健脑,防治高血压,还有防癌抗癌的功效。

自然配方

名称	制作方法
冰糖大枣饮	大枣洗净,去核,和适量冰糖一起放入锅中,加少量清水,煮至软烂即可食用。大枣口感软糯,汤香甜可口。经常食用可以补血养气,强身健体,尤适宜老年人及病后身体虚弱者进补。

梅

《本草纲目》记载
敛肺涩肠,止久嗽泻痢,反胃噎膈,蛔厥吐利,消肿涌痰,杀虫,解鱼毒、马汗毒、硫黄毒。

释名
有人说,这种水果之所以叫梅,是因为梅取"媒"之意,能够调和大家的意愿。所以书上说,如果要做一锅美味的汤羹,用盐和梅做调料最佳。有人认为梅如果长在北方就变成了杏,这是不对的。

集解
梅属杏类,所以树和叶都和杏相似,花期早于其他树种。果实酸,可以做成果脯。一般来说,结果是红色的梅树,材质坚硬;而结果是白色的梅树,材质较脆。梅的种类很多:如江梅是野生的,没有经过人工修剪,花很小但香气异常,果实又小又硬;消梅,果实圆而松脆,汁液多且无渣滓,只可生吃,不入煎剂;重叶梅,叶与花重叠,果实一般都是成对出现;杏梅,颜色淡红,果实扁,且表皮上有斑,味道和杏十分相似。

梅有几种加工方法:在梅半黄时摘下来,用烟熏制后,叫做乌梅;在梅青的时候,摘下来用盐腌制后晒干,就是白梅;成熟后摘下可以做成梅酱。

实

气味:酸,平,无毒。

主治:可以生津止渴,有促进消化吸收的作用。

科学新概念

营养成分

蛋白质、钙、铁、膳食纤维等。

健康效果

梅有助于调节体内血液的酸碱平衡,能帮助脾胃消化,生津止渴。

自然配方

名称	制作方法
山楂酸梅汤	将乌梅去核,洗净,山楂去核,洗净,加入适量水和冰糖煮至软烂即可。常喝此汤有健胃消食,促进消化的作用。

荔枝

别名　离枝,丹荔。

《本草纲目》记载

治疗瘰疬瘤赘,赤肿疔肿,发小痘疮。

释名

这种植物结果时,枝条柔软,但蒂长得十分牢固,果实不容易采摘,必须用刀斧割断树枝,所以叫做离枝。司马相如的《上林赋》中把它叫做离支。而白居易认为,如果果实离开树枝,一天就会变色,三天就会变味,所以离支这个名字也许是取这层意思吧。

集解

荔枝最怕寒冷,是南方的特有水果,在热带地区很容易种植。荔枝树很耐久,有的树历经几百年还能结果。荔枝的果肉鲜的时候是白色的,干燥后变成红色,果肉无论是用日晒、火烘、卤浸还是做成蜜饯,都能保存很长时间。按照白居易《荔枝图序》的说法,荔枝生长在巴中、三峡一带。荔枝树的形状就像帷帐的圆顶,叶子像冬青的叶子,花和橘树的花一样在春天开放,果实如丹在夏天成熟,果核像枇杷核一样。果实外壳像红绸,果肉的外膜如同紫色的薄纱,果肉洁白如冰雪,味道酸甜可口。但果实一旦离开树枝,一日之内颜色就会变,两日内香味就会变化,三天味道就变了,四五天后,色香味就都没有了。

实

气味:甘,平,无毒。

主治:可以止渴,养颜,经常食用可以治心烦、心燥;还可以补益智力,强健身体。

核

气味:甘、涩、温,无毒。

主治:可以治心痛、小肠气痛。

壳

主治:用水浸泡后饮用,可以祛除食用荔枝过量造成的内热。

花、根

主治:用水煮成汁后含咽可以治疗喉咙肿痛。

科学新概念

营养成分

维生素 C、蛋白质、柠檬酸、果胶、磷、钙、铁等。

健康效果

荔枝中的有效成分可以使人皮肤细腻,富有弹性。食鲜荔枝能生津止渴、和胃平逆;干荔枝有补肝健胃、益气养血的功效,是病后体虚者、年老体弱者的滋补佳品。

自然配方

名称	制作方法
荔枝酒	荔枝去皮、去核,加入少量的白酒浸泡,15 分钟后加入清水,煮 5 分钟后即可食用。此酒对脾胃虚寒者有一定疗效。

名称	制作方法
荔枝粥	荔枝去皮、去核,和粳米同煮粥,煮至软烂即可,食用时可加入适量白糖。此粥有滋补功效,对失眠多梦、食欲不振者疗效甚佳。
冷金香酒	荔枝去皮、去核,泡入高粱酒中,100天后即可食用。此酒芳香宜人,还可以当作料酒使用。

橘

《本草纲目》记载

疗呕哕反胃嘈杂,时吐清水,痰痞痃疟,大肠闷塞,妇人乳痈。入食料,解鱼腥毒。

释名

橘这个名字是和矞字相关的。有祥瑞之兆的云中,五色祥云被称为庆云,两种颜色的云叫矞云。矞云外红内黄,如飘缈的烟雾一般。而橘的外皮是红色的,果肉是黄色的,还带有一种馥郁的香气。这些特征和矞云很像,所以橘字是由"木"和"矞"构成的。

集解

橘、柚、柑虽然有些相似,但却是三种不同的东西。橘树能有一丈多高,树枝上有刺,树叶两头都是尖尖的。每年四月开小白花,花香袭人。果实到冬天变黄成熟,每个都像酒杯那样大。剥开外皮里面有橘瓣,每一瓣橘里面都有子。橘的种类很多,但味道各异:黄橘又扁又小,外面却有一层香雾,是橘中的上品;乳橘外形像乳柑,皮厚但果肉充实,味道酸甜可口;塌橘又大又扁,外皮是绿色的,但瓤是红色的,橘瓣大,水分足;冻橘八月开花,冬天结果,春天果实成熟;荔枝橘产自横阳,外皮有些像荔枝。在民间流传着这样一种说法,橘树下如果埋了老鼠,那么结的果实就会翻倍。

实

气味:甘、酸,温,无毒。

主治:有止渴的作用;健脾开胃,促进消化;可除胸中膈气。

黄橘皮

气味:苦、辛、温,无毒。

主治:可以下气通神,止呕吐,止泻,利小便,祛痰止咳。

青橘皮

气味:苦、辛、温,无毒。

主治:疏肝利胆,有助于消食化积。

橘核

气味:苦,平,无毒。

主治:可以治疗腰痛和膀胱痛。

叶

气味:苦,平,无毒。

主治:可以消肿散毒。

科学新概念

营养成分

蛋白质、维生素C、钙、磷、镁、钠等

健康效果

橘有健脾、润肺、补血、清肠、通便等功效,对脑血管疾病,如脑血栓、中风等也有较好的预防作用,在一定程度上还可以预防癌症。

自然配方

名称	制作方法
橘子汁	将橘子去皮、去核,榨汁即可。橘子汁不仅是夏日解渴去暑的饮料,也是地道的食疗药材。橘子汁不仅继承了橘肉的所有营养成分,同时也因其为液态而更容易吸收。常饮用橘子汁可促进消化吸收,有健胃消食的功效,还可以润肺、止咳化痰,对呼吸道疾病有辅助治疗作用,还可以预防癌症。
橘皮粥	橘子皮洗净,等粥煮至八分熟时放入,煮至烂熟。此粥芳香四溢,口感香滑,不仅有开胃作用,还有止咳化痰的功效。

莲藕

别名　藕实、石莲子、水芝等。

《本草纲目》记载

交心肾,厚肠胃,固精气,强筋骨,补虚损,利耳目,除寒湿,止脾泄久痢。

释名

这种植物名称很多,叫法不一。《尔雅》中把荷作为叶的名,也叫芙蕖;茎叫茄;叶叫蔤,即稀疏之意;根叫藕;花为菡萏;果实叫莲子,莲子的中心叫薏。但也有人说,芙蕖是总称,别名为芙蓉。

集解

莲藕这种东西,许多地方的湖泽池塘中都有。一般来说,用莲子作种子则生长缓慢;若种下的是藕芽,那么就会长得很快,根最长的有一丈多长,嫩的时候可以做菜,俗称藕丝菜。根一般会长出两根茎,一根叫藕荷,长出的叶子紧贴水面,藕就长在叶子下面;另一根叫芰荷,叶片长出水面,荷花开在旁茎上。每年六七月开花,一般有红、白、粉红三种颜色。花心里面有黄色的须,须里面就是莲蓬。花凋谢之后,莲蓬就露了出来,嫩的时候可以吃,口感清脆。秋天莲蓬枯萎,就露出黑色的莲子,那些已经硬如石头的,叫做石莲子。冬天至来年春天是挖莲藕的好时候。莲藕为白色,中间有孔,断后有丝。一般说来,野生的和开红花的,莲子多但藕不好;种植的以及开白花的,莲子少但藕很好。荷花有很多种:白色的清香,红色的艳丽,而荷叶多的则不结莲蓬。另外,还有合欢(并头荷花)、夜舒荷(夜开昼卷)、睡莲等,都是莲的特殊种类。

莲子

气味:甘、涩,平,无毒。

主治:可以滋补身体,补充元气,强壮筋骨,长期食用有延年益寿的作用。

莲藕

气味:甘,平,无毒。

主治:可以解热止渴,散淤血,缓解酒精中毒。还有开胃、促进消化的作用。

莲子心

气味：苦，寒，无毒。

主治：可以治疗贫血和腹泻，还有清心祛热的功效。

花

气味：苦、甘，温，无毒。

主治：有安神和养颜的功效

科学新概念

营养成分

胡萝卜素、维生素 B、维生素 C、铁、钙、磷、钾等。

健康效果

莲子中丰富的矿物元素可以镇静安神，维持身体内部的酸碱平衡。长期食用可以健脑，增强记忆力，同时有强心的作用，可以降低血压，有助于睡眠。

自然配方

名称	制作方法
莲子粥	将莲子洗净泡发，放入锅中加适量清水煮熟，加入已淘洗干净的粳米，煮至烂熟即可。食用之前如加入适量白糖，味道更好。此粥软滑香糯，香甜可口，有滋补效果，适宜老年人及身体虚弱者进补。长期食用有养气安神、提高注意力的功效，也可治疗神经衰弱，较适宜脑力工作者食用。
银耳莲子羹	将莲子、银耳分别洗净，待莲子煮九分熟时，加入银耳，煮至烂熟即可，食用前可根据个人喜好酌情加入适量白糖。此羹味道鲜美，营养丰富，有生津、益气、补脑、强心之功效。不但适宜于一切妇孺、病后体虚者，且对女性具有很好的嫩肤美容功效。

栗

《本草纲目》记载

益气，厚肠胃，补肾气，令人耐饥。

释名

《说文解字》中作枭，就像花和果实下垂的样子。梵语称之为笃迦。

集解

栗树可以种植，但决不可以移栽。栗树有 2～3 丈高，其叶与栎树叶相似。四月开花，形似胡桃花。每个树枝上最少能有四个苞，苞上有刺，像刺猬一样，一般有青、黄、红三种颜色。苞中就是栗，每个苞里有 1～4 枚。栗生的时候壳是黄色的，等到颜色变成紫色就成熟了，它的成熟期在九月降霜之时。一般来说，只有因苞自己裂开而掉在地上的栗容易保存，而强行取出的则易腐烂。栗中最大的叫板栗，壳里面是扁子的叫栗楔，体积稍小的叫山栗。广中地区不产栗，大概这种植物不适宜在炎热的地方生长。通常，栗树生长在山中背光的阴面，几乎各地都有，而以兖州、宣州的栗为最好。会稽和诸暨虽然产栗，但因为子个大而皮厚，所以品种不好。而产自剡、始丰的栗，皮薄味甘，是上佳之品。

实

气味：咸，温，无毒。

主治：可以滋补身体，补充元气，吃生栗子，可以治疗腰腿不灵活；绞碎外敷，可以治疗肌肉淤血、肿痛。

栗楔

主治：活血功效极佳，可治筋骨风痛，

栗莸

即栗子内的薄皮。

气味：甘、涩，平，无毒。

主治：可以捣碎和蜂蜜敷脸，能去除皱纹，使皮肤光滑。

栗壳

主治：煮汤喝可以治疗反胃和消除口渴。

花

主治：治疗颈部的淋巴结结核。

根

主治：用酒煎服可以治疗偏肾气。

科学新概念

营养成分

蛋白质、维生素 B、维生素 C、铁、磷、钾、钠等。

健康效果

栗子营养丰富,有"千果之王"的美称。栗子中的有效成分能防治高血压、冠心病、动脉硬化、骨质疏松症等病,是抗衰老、延年益寿的滋补佳品。常吃栗子对治疗口腔溃疡有益。栗子还可以与人参相媲美,在国外有"人参果"之美誉。此外,栗子对辅助治疗肾虚有益,故又称为"肾之果",特别是老年肾虚者更为适宜,经常食用能强身健体。

自然配方

名称	制作方法
栗子粥	栗子去皮,切碎,等粥煮至五成熟时加入,煮熟即可。栗子粥有很好的滋补作用,尤适宜老年人和病后身体虚弱者进补。经常食用对中老年人腰酸腿痛、腿脚无力等症均有作用,还可以有效预防心脑血管疾病。
栗子鸡	将栗子去皮,和鸡肉同煮,放入盐等调味料,煮熟即可。此菜有极强的滋补作用,适宜于身体虚弱者进补。食用此菜有生精养血、补气安神的功效。

梨

别名 快果、果宗、玉乳等。

《本草纲目》记载

润肺凉心,消痰降火,解疮毒、酒毒。

释名

梨就是利的意思,因为它能使人排泄顺利。梨的品种很多,且均为寒凉之物,因此人们又称之为快果,不可以入药。

集解

梨树高有两丈多,叶子尖尖的,边缘有小细齿,表面光亮细腻。每年二月开花,花色洁白如雪。如果三月没有遭受大风,则结出的果实为最好。所以,古人说"上巳有风梨生虫,中秋无月蚌无胎"。贾思勰认为,每个梨核大概有十多个子,但只有一两个子能够种出梨来,其余的都结棠梨。梨有很多品种,但只有用棠梨和桑树嫁接的梨才是最好。梨有青、黄、红、紫四种颜色。乳梨就是雪梨,鹅梨就是绵梨,消梨就是香水梨,这些梨都是上等的品种,都可以治病。一般好品种的梨产自北方,南方只有宣城的较好。有一种含消梨像五升的器皿那样大,而且坠地即破,必须用口袋包好置于树上。汉武帝曾经在上苑种过这种含消梨。而像其他梨,如青皮、早谷、半斤、沙糜,都质粗味涩,只能做成果脯食用。

实

气味:甘、微酸,寒,无毒。

主治:可以止渴镇咳,消痰祛火;通利二便,除烦平喘;可以解酒。切片外敷可以治烫伤。

花

主治:去除面部黑粉滓。

叶

主治:治霍乱、风证。捣汁饮服可解食菌而致的中毒。

木皮

主治:治伤寒。

科学新概念

营养成分

维生素 B、维生素 C、钙、磷、有机酸等。

健康效果

梨能促进食欲,帮助消化,对肺结核、气管炎和上呼吸道感染等均有疗效。患高血压、心脏病、肝炎、肝硬化的病人经常吃梨对身体康复也有好处。另外,梨可清喉降火,吃梨有保养嗓子的作用。正因为梨有如此功效,才有"百果之宗"的美名。

自然配方

名称	制作方法
鲜梨汁	梨去皮、去核,榨汁,饮用时可根据个人喜好加适量白糖。鲜梨汁止渴润喉,经常饮用能保护心脏,减轻疲劳,增强心肌活力,降低血压,还对肝脏具有保护作用。梨中的有效成分还可以防癌抗癌,有醒酒解毒的功效。
冰糖梨	梨去皮、去核,切块,和适量冰糖放入碗中,上锅蒸熟即可经常食用,可以止咳化痰,润喉祛火,对慢性气管炎、支气管炎也有疗效。女性食用还能滋润皮肤,起到美容的作用。
梨膏糖	先把梨去皮、去核,然后把果肉用搅拌机打碎,把贝母打碎。在锅里抹点油,把准备好的梨果肉放入,小火熬,看到冒烟就把贝母加入,边加入边均匀搅拌。然后把蜂蜜倒入,搅拌均匀后停火。待冷却后,装入瓶子中,放入冰箱,每天一勺。可以兑水喝,也可以直接食用。此品对患肺热久咳症的病人有明显疗效。

木瓜

别名 楙

《本草纲目》记载

调营卫,助谷气。去湿和胃,滋脾益肺。治腹胀善噫,心下烦痞。

释名

木瓜的果实像个小瓜,可食用,味道有点酸,有人说,木瓜之所以味酸,是得了树木本身的正气,所以取木瓜之名。

集解

木瓜到处都有,山阴兰亭一带盛产,当地人把它当作佳果,但也有人认为宣城产的最好。木瓜的形状像奈,可以种植,可以嫁接,也可以压枝。它的叶子光滑厚实;春末开花,花呈深红色;果实大的像瓜,小的如拳头,外表像涂了一层黄色的粉。宣城人种木瓜的时候很谨慎。开始结果实的时候,他们就用剪有花纹图案的纸粘在上面,这样,经过夜露日晒,花纹处逐渐变红,在整个果实的衬托下显得更加栩栩如生。在宣城人辛苦细致的照料下,木瓜很快便长满山间峡谷。本地人把它当作土特产进贡给皇帝,所以有"宣城花木瓜"之称。木瓜皮薄,气味芳香,它的子向瓜心的一头是尖的,另一头是方的,食用后对身体很有益处。若将木瓜去子蒸烂,捣成泥,加入蜂蜜和姜熬制成汁,冬天饮用效果尤佳。还有人说木瓜枝一尺有一百二十个节,可用来作拐杖。

实

气味:酸,温,无毒。

主治:滋脾益肺,强健筋骨。可以治疗脚气;还可止吐,治腹胀。

核

主治:治疗霍乱、烦躁气急。

枝、叶、皮、根

气味:酸、涩、温,无毒。

主治:煮成汁饮用,可以治疗霍乱、呕吐、转筋;还可以治脚气。用木瓜枝制作成手杖,可以通利筋脉。根、叶熬成汤洗脚,可以治疗腿脚不利。用这种木材做成桶泡脚,对人体很有益处。

花

主治:可美白皮肤,治疗面部粉刺。

科学新概念

营养成分

胡萝卜素、蛋白质、木瓜酶、齐墩果、维生素 C、钙、磷、钾等。

健康效果

木瓜的营养成分有预防高血压、高血脂的作用,可以增强机体免疫力,还有延缓衰老、护肤养颜的美容效果。经常食用还有健胃消食、滋补身体的功效,对癌症也有一定的预防作用。

自然配方

名称	制作方法
木瓜鲜奶饮	木瓜洗净,去皮、去核,切块,用榨汁机榨成汁,加入牛奶和适量白糖,即可饮用,冰镇后味道更好。此饮不仅是消夏祛暑的佳品,还有护肤养颜的效果。如果无法榨汁,把木瓜切成小块,放入牛奶中也可,功效相同。
木瓜红枣羹	木瓜洗净,去皮、去核,切块,红枣洗净、去核,两者放入锅中,加入适量清水和冰糖,煮至软烂即可,晾凉后食用味道更好。此羹味道甜美,营养丰富,有一定的滋补功效,还有美容作用。
木瓜黄豆猪脚汤	猪脚洗净,滚水去腥,备用。锅内加适量清水煮沸,放入葱、姜、料酒,再放入黄豆和猪脚,炖2小时。再将木瓜去皮、去子,切块放入锅中,炖半小时即可。此汤含有丰富的蛋白质和维生素,有健脾开胃的功效。

猕猴桃

别名 猕猴梨、藤梨、阳桃等。

《本草纲目》记载
调中下气,主骨节风,瘫缓不随,长年白发,野鸡内痔病。

释名
这种水果外形像梨,颜色像桃,猕猴特别喜欢吃,所以叫猕猴桃。闽人叫它阳桃。

集解

这种水果长在山谷中,树藤通常高2~3丈,附着其他树生长,叶片是圆形的,且外面有绒毛。果实在十月成熟,外形像鸡蛋,外皮呈褐色,果肉为淡绿色。果实生的时候很酸,经霜打后,才会变甜,可以食用。子小而多,颜色像芥子。皮可做纸。一般山路旁还能摘到果实,而深山中的大多数都被猴子吃了。

实

气味：甘、酸,寒,无毒。

主治：可以止渴祛热,解丹石毒,治痔疮,有乌发的作用。还可以治疗因中风引起的偏瘫。

科学新概念

营养成分

蛋白质,维生素 B、维生素 C、胡萝卜素、钙、磷、钾、镁等。

健康效果

猕猴桃是各种水果中营养成分最丰富的水果。猕猴桃可以有效地预防、治疗便秘和痔疮,能降低冠心病、高血压、心肌梗死、动脉硬化等心血管疾病的发病率,还有抗癌的功效。

自然配方

名称	制作方法
冰糖猕猴桃	将猕猴桃洗净,去皮、去核,切块放入碗中,加入适量冰糖,上锅蒸,蒸至冰糖融开、猕猴桃软烂晾凉食用即可。冰糖猕猴桃有生津养阴、降压降脂的功效,适用于高血压高血脂、冠心病、心烦口渴等病症。经常食用能滋润肌肤,乌发养颜。

木部

杜仲

别名　思仲、思仙、木绵、檰

《本草纲目》记载

主腰膝痛,补中益精气,坚筋骨,强志,除阴下痒湿,小便余沥。久服,轻身耐老。

释名

传说过去一个叫杜仲的人服用了这种植物就得道成仙了,因此人们就用他的名字来为这种植物命名。思仲、思仙也取此意。杜仲的皮中有银丝,就像绵一样,所以又叫做木绵。

集解

杜仲生于豫州上虞山谷中以及上党、汉中。二月、五月、六月、九月可以采收树皮。现在用的多是出自建平、宜都。杜仲的形状像厚朴,折断有许多白丝的最好。生在深山中,树高数丈,叶子像辛夷。江南叫它檰。初生的嫩叶可以食用,叫做棉芽。它的花和果实味道苦涩,也能入药。它的木材可以做成拖鞋,对脚有好处。

皮

气味:辛,平,无毒。

主治:补中益气,强筋健骨。可以治疗腰膝疼痛、阴部湿痒、小便淋漓不尽。长时间服用可以使身体轻便,延缓衰老。

科学新概念

营养成分

杜仲胶、糖苷、生物碱、果胶、酮糖、维生素 C 等。

健康效果

杜仲可以补肝肾,强筋骨,还有安胎的功效。可以治疗四肢无力、腰膝酸痛,对高血压等病症也有疗效。

自然配方

名称	制作方法
杜仲茶	杜仲研成碎末，和适量绿茶在一起冲泡饮用。杜仲茶还有一种做法，就是取杜仲树的树叶，晾干，当茶饮用。经常饮用杜仲茶，可以强身健体、降血脂、降血压，调节肠胃功能，还可以滋润皮肤，有减肥的功效。

檀香

别名　旃檀、真檀。

《本草纲目》记载

治噎膈吐食。又面生黑子，每夜以浆水洗拭令赤，磨汁涂之，甚良。

释名

檀，是善木，所以字从亶旁，亶有"善"之意。释氏叫它旃檀，因为用它来煮水洗浴，可以洗去身上的尘垢。外族人错误地将其传为真檀。云南人称紫檀为胜沉香，也就是赤檀。

集解

檀香木出自广东、云南以及占城、真腊、爪哇、渤泥、三佛齐等地，现在岭南各地也都有。树、叶很像荔枝的树和叶，树皮为青色，而且光滑润泽。树皮坚实而呈黄色的是黄檀，树皮洁净而呈白色的是白檀，树皮腐朽而呈紫色的是紫檀。其中，木质坚实沉重、气味清香的白檀为最佳。如果用纸包檀香，可以防止香气散失。紫檀产于诸溪峒，其木材份量最重。新鲜的紫檀呈红色，时间长的呈紫色，有蟹爪一样的纹理；新鲜的檀木用水浸泡，可以用来染物；真檀香涂在墙壁上呈现紫色。檀香中唯黄檀最香。檀香都可以用来做马鞍、扇骨等物。

白旃檀

气味：辛、温，无毒。

主治：可以消风热肿毒，治疗污秽邪气，可杀虫。煎服可以治心腹疼痛、霍乱、肾气痛。用水研磨成汁，涂在腰肾部，可以止痛。能驱散冷气，引胃气上升，增进食欲，治噎膈吐食。如果研磨成汁，每天晚上用浆水洗拭后涂抹面部,对治疗黑斑很有效果。

紫檀

气味:咸,微寒,无毒。

主治:外敷可以消肿、止血、止痛。

科学新概念

营养成分

檀香萜烯、檀香萜醇、檀萜烯酮、檀萜烯酮醇、檀香萜酸等。

健康效果

檀香在医药上有广泛的用途,具有清凉、收敛、强心、滋补等功效,可用来治疗胆汁病、膀胱炎、淋病以及腹痛、发烧、呕吐等症。同时,檀香还有极佳的放松效果,可以安抚紧张、焦虑的情绪,起到镇静的作用。

自然配方

名称	制作方法
檀香	点燃后有一种极其特殊的香味,可净化空气。闻此香可以稳定情绪、舒缓心情,并且有促进血液循环的效果。另外,檀香对气管炎、咽喉肿痛也有辅助疗效。檀香外敷,可以治疗皮肤肿痛,有滋润皮肤的作用。
檀木家具	檀木家具有"极品家具"之称,这不仅仅因为檀香木价格昂贵,更由于其独特的功效。檀木家具有一种淡淡的香气,这种香气有静心安神的功效,还有驱虫作用。
檀香扇	檀香扇是用檀香木制成的。只要轻轻摇晃,就可清香四溢,而且有"扇存香存"的特点,保存十年八载仍然清香扑鼻;放入衣柜中,还可防虫蚁。它还是精工细琢的工艺品,具有很高的收藏和欣赏价值。
檀香精油	从数十年生的檀香木中提炼而成。有镇静、抗焦虑、抗忧郁的作用。还可以消炎杀菌,舒缓因紧张而造成的肌肉僵硬,防治静脉曲张。此外,此精油涂于皮肤上,可调理干性皮肤,也有抗皱、延缓皮肤老化的功效。

樟

《本草纲目》记载
宿食不消，常吐酸臭水，酒煮服，无药处用之……

释名
这种木的纹理多文章，而"章"有纹理之意，所以得名"樟"

集解
江东做船多用樟木。有个县叫豫章，就是因为樟木而得名的。这种木西南山谷中到处都是，高一丈多，叶子像楠树叶，又尖又长，背面有黄赤色的茸毛，一年四季都不凋零。夏天开细花，结小子。大的樟树要几个人手拉着手才能抱住，木的纹理比较细致，而且交错纵横，是雕刻的理想用材。樟树有特殊的香气，又具有耐温、抗腐、驱虫的特点，日常用的樟脑就是由樟树的根、茎、枝、叶中提取出来的，有清凉香味，可以用于防蛀。

樟材
气味：辛，温，无毒。

主治：治疗恶心、心腹疼痛、腹胀、消化不良、常吐酸水等症。煎成汤外洗可以治疗脚气、疥癣、风痒。用樟木做鞋，可以防治脚气。

科学新概念

营养成分
樟脑、樟脑烯、黄樟油醚、柠檬烯、樟脑酮等。

健康效果
樟木的有效成分可治喘息型气管炎、支气管哮喘、急性胃炎、肠胃炎等疾病。樟木家具放在家中，还有驱虫作用。

自然配方

名称	制作方法
樟木粉	樟木磨成粉，用水煎服可以治胃病；樟木粉和粳米同煮成粥，经常服用可治脚气，对消化不良和食欲不振也有疗效。
樟木水	樟木放入水中煮沸。水洗全身可治痛风（注意保护眼睛），对四肢冰冷、手足无名痛等症也有疗效。

桑

《本草纲目》记载

治劳热，咳嗽，明目长发。

释名

叒是东方自然神木的名字，它是象形字。而这种植物的叶子是蚕吃的食物，因此为了和东方自然神木相区别，所以在叒的下面加了一个木字。桑的子叫做椹。

集解

书上说桑的神奇之处，就在于对人体有很多益处。桑有女桑、梜桑、檿桑、山桑等，无椹者又称为栀。民间把小而细长的桑叫做女桑；山桑可以做弓弩；檿桑可以做琴瑟。桑类都是上等的好材料，其他的木材很少有能赶得上的。桑有很多种，且每个种类都有不同的特点。白桑，叶又厚又大，像手掌一样；鸡桑，叶子像花，而且很薄；子桑，先结椹，后长叶；山桑，叶子尖而且长。用子种不如压枝条效果好。桑树的皮若变成黄色，就叫做金桑，是桑木快要枯槁的表现。有人说，桑树经嫁接就会长出很大的桑椹；把龟甲埋在桑树下，树就不会被虫蛀，而且会长得很茂盛。

桑根白皮

气味：甘，寒，无毒。

主治：可以治疗内伤、女子崩漏脉搏微弱，还可补虚益气。除肺中水气，治咳血、水肿、腹胀。煮成汁饮用对五脏有益，能消痰止渴、开胃下食、杀虫、止霍乱吐泻。

科学新概念

营养成分

桑根皮素、环桑根皮素、桑色烯、环桑素等。

健康效果

桑根白皮有镇痛、消炎、杀菌的作用,可用于对高血压等心脑血管疾病的治疗,还有一定的抗肿瘤作用。

五加

别名　五佳、五花、文章草、白刺、追风使、木骨等。

《本草纲目》记载

明目,下气,治中风骨节挛急,补五劳七伤……

释名

这种药以五片叶子连在一起的为好,所以名字叫五加,又叫五花。蜀地的人称为白刺。又有人称它为文章草,并称赞说,用文章草调酒,酒味更好,即使用金子买这种草,也不觉得贵。

集解

五加以五片叶子相连为最好,四片叶子的也不错。生长在汉中和冤句,但也有人说此物到处都有,东间的更多。春天生苗,茎叶都是青的,一丛一丛地生长。长大后,枝茎均变为赤色。赤茎又像藤蔓,高三五尺,上面有黑刺。三四月份开白花,结青子,子到六月份渐渐变成黑色。五月、七月采它的茎,十月采集根,阴干。气味似橄榄的芳香。

根皮

气味:辛,温,无毒。

主治:补中益气,强筋健骨。治双足不能行走、小儿行迟,还可治疗男子阳痿、阴囊湿冷、小便淋漓不尽、女子阴部瘙痒以及腰脊疼痛、两脚疼痛。长时间服用可以延缓衰老,研成末泡酒可以治疗口眼㖞斜,作蔬菜食用可以祛风除湿。

科学新概念

营养成分
糖苷、皂苷、强心苷、棕榈酸、葡萄糖等。

健康效果
五加可增强机体免疫力,抗疲劳、抗辐射,治疗神经衰弱、眩晕症,缓解精神紧张和心理压力,提高视觉、听觉灵敏性和身体的反应力,调节血压,疏通血栓的效果良好。

自然配方

名称	制作方法
五加皮汤	五加皮洗净,放入锅中加水,煮 15 分钟,取水洗患处,可治疗各类皮肤病。

巴豆

别名 巴菽、刚子、老阳子。

《本草纲目》记载
治泻痢惊痫,心腹痛疝气,风呙耳聋,喉痹牙痛,通利关窍。

释名
这个物种产自巴蜀,而形状像菽豆,因此而得名巴菽。又有人将其进一步划分,将粒小色黄的叫巴,有三棱且色黑的叫豆,粒小而两头尖的叫刚子。还有人说,巴和豆可以药用,而刚子不可以,否则会致人死亡。但经证明,这种说法是不准确的。还有一种说法,把粒小的称为雌,把两头尖尖的而且有棱的称为雄,雄的药性烈而雌的药性缓。若使用得当,用药就有效;如果使用不当,任何药都会对人有损害,何况巴豆呢!

集解
巴豆生长在巴郡的山谷中,八月份采集,阴干,去除心和皮,就可入药。现在的嘉州、眉州、戎州都有。木高一二丈。叶子像樱桃叶,但比樱桃叶厚大;初生时为青色,慢慢变黄赤色,十二月份开始凋落,次年二月份又开始长新芽,直至四月份老叶才能全部落尽。五六月份结果实,八月份果实成熟变为黄色,它们像白豆蔻一样自行脱落,就可以收取了。

巴豆

气味:辛,温,有毒。

主治:可以治疗伤寒、温疟等症,荡涤五脏六腑,开通闭塞,去除恶肉,杀虫。治疗女子闭经、金疮脓血,补益气血脉,使人的气色变好。能治水肿、痿痹,可落胎。健脾开胃,排脓消肿毒,还可治疗心腹疼痛、口眼㖞斜等症。

科学新概念

营养成分

巴豆毒素、巴豆醇、甲酸、丁酸、巴豆油酸等。

健康效果

巴豆有毒,误食会导致头晕、恶心、腹泻,严重者会导致死亡。临床用于治疗支气管炎、慢性肠炎、急性阑尾炎等症。

茯苓

别名 伏灵,伏菟,松腴,伏神。

《本草纲目》记载

主水肿肤胀,开水道,开腠理。

释名

砍伐多年的松树根,气味还存留,精华之气也没有散尽。其中精气旺盛的,发泄在外面就结成了茯苓,因它不与根相连,离开了树木的本体,有飘零在外之义。精气不旺盛的,就只能附结在本根上,不离开树木,所以叫茯神。相传,佩戴拳头大小的茯苓,可以驱除各种鬼怪。

集解

茯苓在太山、华山、嵩山等地都有。出自大松树的下面,依附松根而生,没有苗、叶、花、果实,像拳头一样大小,一块一块地生长在土下,大的可以达到几斤重,有赤、白两种颜色。有人说它是松脂变成的,也有人说是借助松气形成的。现在有人在山中看见古松经常被人砍伐,枝叶枯萎,残根上不再发芽的,人们叫它茯苓拔。在茯苓拔四周一丈左右的地方,用铁头锥刺地,如果有茯苓,那么铁椎就不要拔出来,去挖掘就可以得到茯苓。茯苓拔越大,茯苓就越大。茯苓大如三四升容器,外皮黑而且有细皱,肉坚实而且色白,形状像鸟、兽、龟、鳖的比较好。质地疏松,颜色发红的欠佳。茯苓生性不易被朽蛀,即使埋在地下三十年,它的颜色、纹理都不会有什么变化。

茯苓

气味:甘,平,无毒。

主治:补益脾胃,和中益气,养神安胎。可治心腹胀满、胸胁逆气、膈中痰水、口干舌燥,小儿惊悸、腰膝冷痛。

赤茯苓

主治:有清心热、除小肠、祛膀胱湿热以及利窍行水的功效。

茯苓皮

主治:能治疗水肿、腹胀,开水道,开腠理。

神木

就是伏神所在处的松木。又名黄松节。

主治:可治中风偏瘫、口眼㖞斜、毒风、筋脉痉挛、不能说话、心神惊悸、虚而健忘等。

科学新概念

营养成分

茯苓酸、层孔酸、去氢层孔酸、松苓酸、茯苓聚糖等。

健康效果

茯苓有利尿、镇静的作用,还可以降低胃酸,促进消化,具有一定的抗菌作用。有降血脂、降血糖的功效。在一定程度上还可以增强身体的免疫能力,起到防癌抗癌的作用。

自然配方

名称	制作方法
养生粥	人参洗净,切片,茯苓切成小块,和粳米同熬粥,煮至软烂即可食用,食用时可加入适量的白糖。经常食用此粥,可以增强身体免疫力,强身健体,延缓衰老,还有防癌抗癌的功效,因此有"养生"之名。

名称	制作方法
茯苓酒	适量茯苓捣碎，放入烈酒中浸泡 15 天，即可饮用，饮用时一次一小杯。此酒有舒筋活血、抵御风寒、强身健体的功效，是适宜长期饮用的理想药酒，但切忌过量。
茯苓饼	用茯苓霜和精白面粉做成薄饼，在中间夹上蜜饯、松果、碎仁等。茯苓饼是传统的滋补品，有安神益脾的功效，适用于气虚体弱的人以及浮肿、大便溏软等患者。

酸枣

别名　山枣、榗

《本草纲目》记载
补中，益肝气，坚筋骨，助阴气，能令人肥健。

集解

酸枣长在河东川泽地区。酸枣树的纹理很细，木质坚硬，可以做成车轴、勺子、筷子等日常用品。其树皮也是细且坚硬的，纹理像蛇的鳞片一样。八月可采摘果实。果实又小又圆，且味酸，枣核微圆，形稍长，色赤如丹。由于酸枣肉酸滑可口，山里人经常把它当做果品食用。

实
气味：甘、平，无毒。

主治：补中气，益肝气，强壮筋骨。可治四肢酸痛及由风湿引起的麻痹肿胀。经常食用，可以安五脏，有延年益寿的功效。

科学新概念

营养成分
维生素 C、蛋白质、白桦酯醇、白桦脂酸、酸枣仁皂苷。

健康效果
酸枣有养心安神的功效，同时酸枣仁的有效成分可以增强机体抗病能力，提高身体免疫力，能降血压、降血脂，对心脑血管疾病也有一定的防治作用。酸枣仁临床上经常用于神经衰弱及心脑血管疾病的治疗。

自然配方

名称	制作方法
酸枣仁粥	酸枣仁洗净,和粳米同煮至软栏即可,食用时可加入适量的白糖。此粥有镇静安神的效果,专治神经衰弱引起的失眠、健忘等症,粥中加入枸杞子滋补效果更突出。适宜各类人群经常食用。
酸枣仁汤	酸枣仁、甘草适量,熬制15分钟后,去渣留汁备用。药汁中加入适量冰糖,再熬至冰糖完全溶化即可饮用。经常饮用对因神经衰弱引起的失眠有一定效果。

第三章　百草皆备药性
——草部本草

人参

别名　黄参、血参、鬼盖、神草、地精等。

《本草纲目》记载

治男妇一切虚证。发热自汗,眩晕头痛,反胃吐食痃疟,滑泻久痢,小便频数淋沥,劳倦内伤,中风中暑,痿痹,吐血,嗽血……

释名

它是经过年深日久慢慢长成的,根部像人形,有神,所以叫它人薓、神草。薓字有浸润、慢慢变化的意思,而这个字太繁琐,所以后来就用参字来代替了。这种草背阳向阴,所以又叫鬼盖。它在五行之中,色黄属土,能够补脾胃,生阴血,所以又有黄参、血参的名字。又认为它吸收了大地的精华,所以有地精之说。

集解

人参生长在上党山谷及辽东地区,在春天的时候发芽吐苗。初生的人参也就是三四寸高,只有一个枝丫上的五枚叶片;四五年之后才长出两个枝丫,各有五枚叶片;等到十年之后,生长出第三个枝丫;在年深日久之后,人参才会变成四个枝丫,每个枝丫也还是五枚叶片。这个时候,在枝丫的中间就会生长出一支花茎,俗名叫做"百尺茎"。三四月的时候开花,花朵细小得像米粒一样,花蕊则微细得简直如同丝线,花朵是紫白色的。到了秋天结出人参子,有七八粒左右,颜色从青到红,子成熟就会自行落到地里。如果人参的根长成人的形状,就会产生非常神奇的效果。据说,要检验上党人参的神效,只要让两个人一起跑步,其中的一个口含人参片,另外一个不含。大约跑到三五里远的时候,那个不含人参片的人就会大汗淋漓、气喘如牛,而含着人参片的人则呼吸自如。这样的人参就是真的。

参根

气味:甘,微寒,无毒。

主治:可以补五脏六腑,安神定志,止惊悸,除邪气,明目益智,长时间服用可以增强记忆力,使身体轻松,益寿延年。治疗肠胃中的寒气、心腹胀痛、胸胁逆满、霍乱呕吐。还可以治疗肺气虚促、短气、少气、眩晕头痛、中风中暑。

参芦

气味:苦,温,无毒。

主治:可以治疗虚弱劳累,并具祛痰效果。

科学新概念

营养成分

人参皂苷、人参多糖、各种氨基酸和肽类、葡萄糖、果糖、维生素 A、维生素 B 等。

健康效果

人参是补气良药,能够补中益气、安神强心,治疗体虚、脉弱、神经衰弱等病症。同时,人参中富含的人参皂苷和人参多糖能够提高血液中红细胞的载氧能力,促进人体对维生素的摄入和吸收。所以,人参一直有"长寿之源"的美称。

自然配方

名称	制作方法
人参含片	把人参切成 3 克左右的参片,早晚时候含在口中慢慢咀嚼。这样既可以起到提神益气的作用,又不会浪费它的营养成分,除此之外还有美容的作用。
人参酒	把一支完整的人参浸入到高度数的白酒中,浸泡 15 天之后,就可以酌量饮饮。
人参炖鸡	把整支人参或者切碎的人参和鸡肉放入锅中,加入调料,文火慢炖,待鸡肉炖烂即可。炖出的鸡肉和鸡汤是滋补元气的珍品。

黄精

别名 黄芝、鹿竹、仙人余粮、救穷草等。

《本草纲目》记载

补诸虚，止寒热，填精髓，下三尸虫。

释名

黄精是服食药，仙家把它列为芝草一类，因为它得到了坤土的精华，所以叫做黄精。余粮、救穷是用它的功能来命名的。鹿竹这个名字的由来是因为它的叶子像竹，而鹿可以食用。

集解

黄精生于山谷中，三月才开始生长，苗高一二尺，叶子像竹叶而且短，两两相对，茎梗柔脆，很像桃枝，外红内黄，四月开青白花，形状像小豆花。结白子就像黍粒，也有一些是无子的。根像嫩生姜，呈黄色，二月采根，蒸过后晒干，现在也有人八月份采根的，山中的人经过多次蒸晒做成果实出售，呈黄黑色，味道特别甜美。江南人说黄精苗叶有些像钩吻，但钩吻叶头极尖细而且根细，这恐怕是南北所产的不同吧。据说，昔日黄帝问天老说："天地所生的万物中，有吃了让人长生不老的吗？"天老说："太阳之草叫黄精的，吃了以后可以长生不老；太阴之草，叫钩吻的，不可以食用，入口立即就会死。"人们相信钩吻可以杀人，却不相信黄精可以长寿，这不是让人感到很疑惑吗？

根

气味：甘，平，无毒。

主治：补中益气，祛除风湿，安五脏，长时间服用可以使身体轻松，减少饥饿不适的感觉。可以补五劳七伤，强筋健骨，耐寒暑，益脾胃，润泽心肺，有延年益寿的效果。

科学新概念

营养成分
葡萄糖、甘露糖、黄精多糖、西伯利亚蓼苷、黄精低聚糖等。

健康效果
黄精是一种补药，适合身体虚弱的人滋补之用。黄精还可以治疗高血压,对冠心病也有一定疗效;外敷可治体癣,对肺结核也有一定效果。

自然配方

名称	制作方法
黄精炖肘子	肘子洗净切块,黄精切块用纱布包好,将药包和肘子同煮,再加入洗净的大枣、调味品,煮至肉烂即可。此菜肉烂味香,营养丰富,经常食用可以滋补身体,增强免疫力,有显著的护肤美容作用。
黄精养生酒	黄精切块,泡入烈酒中,浸泡20天后即可饮用,每次一小杯。经常饮用此酒可以补血养气,具延缓衰老的作用。
黄精鸡	将黄精、山药和鸡肉加适量水,隔水炖熟,加入调味品即可。可治疗和减轻更年期综合症状,如头晕目眩、心悸失眠和耳鸣健忘等。
黄精炖猪瘦肉	将黄精和猪瘦肉切成小块,加清水隔水炖熟,再加适量调料即可。经常食用可补脑益智,润心肺。适用于气血不足引起体弱乏力、记忆力减退者。

决明

别名 草决明、羊明、羊角、还瞳子、假绿豆、马蹄子、羊角豆、野青豆等。

《本草纲目》记载

主治青盲,目淫肤,赤白膜,眼赤痛泪出。

释名

这种决明就是我们常说的马蹄决明,因其明目的功效而得名。还有草决明、石决明,功效都与这种相同。

集解

决明有两种,一种是马蹄决明。马蹄决明植株高有三四尺,叶子比苜蓿叶稍大,昼开夜合,合上的时候两片叶子紧紧连在一起。秋天会开淡黄色的有五个花瓣的小花,结的角像初生的细豇豆,有五六寸长。每个角中大概有数十粒子,青绿色的子像马蹄,是治眼病的良药。另一种决明就是《救荒本草》中提到的山扁豆。两种决明的苗都可以做酒曲,俗称独占缸。

子

气味:咸,平,无毒。

主治:治青光眼、眼睛混浊、结膜炎、白内障、眼红、流眼泪等眼病。用水调和外敷可以治疗肌肉肿痛,还可以解蛇毒。

科学新概念

营养成分
维生素 A、胡萝卜素、大黄素铁、锌、锰、铜等。

健康效果
决明子有清热明目、润肠通便、清肝火的作用,可以治疗肝炎、肝硬化腹水、高血压、小儿疳积、夜盲、风热眼痛、视物昏暗、习惯性便秘等病症。

自然配方

名称	制作方法
决明子枕头	用决明子为填充物,做成枕头即可。这样的枕头夏季凉爽舒适,冬季温暖御寒,同时决明子圆润的颗粒状形态能够按摩头部,可促进头部血液循环,增强记忆。

连翘

别名　连、异翘、旱莲子、兰华等。

《本草纲目》记载
茎叶主心肺积热。翘根治伤寒瘀热欲发黄。

释名
这种植物本名叫连,又名异翘,现在人们把这两个名字合在一起叫连翘。

集解

连翘有大小两种：大翘长在湿地或山岗上，青色的叶子狭长，有些像榆树叶，赤色的茎有三四尺高，根像蒿的根；小翘长在平原上，花、叶都很像大翘，只是稍细点罢了。南方长得叶子又窄又小，茎才有一尺多高，花是黄色的，果实里面的黑子像粟粒一样，子也叫旱莲。南方人用花叶入药。

连翘

气味：苦，平，无毒。

主治：可以泻心火，祛除脾胃湿热，有消肿、止痛、排脓的功效。

科学新概念

营养成分

连翘酚、香豆精、齐墩果酸、皂苷、维生素P等。

健康效果

连翘的有效成分有极强的清热解毒、排毒散淤的作用，可用于感冒、咽喉肿痛、肾炎等病症的治疗。近年来据有关资料证明，连翘有极强的抗菌作用，对伤寒杆菌、副伤寒杆菌、大肠杆菌、痢疾杆菌、白喉杆菌及霍乱弧菌、葡萄球菌等细菌都有抑制效果。

自然配方

名称	制作方法
连翘茶	连翘嫩芽经特殊方法制作后，做茶饮用，饮用时可根据个人喜好加入白糖或蜂蜜。经常饮用此茶有清热去火的功效，能增强机体的防御机能，可治疗肺炎、痢疾、扁桃体炎等多种疾病。

何首乌

别名 交藤、夜合、九真藤、疮帚、马肝石、红内消等。

《本草纲目》记载

此物气温，味苦涩。苦能补肾，温能补肝，涩能收敛精气。所以能养血益肝，固精益肾，健筋骨，乌髭发，为滋补良药。

释名

这种药本是一种草,没有名字,因一个叫何首乌的人看见它的藤夜间交接在一起,便采食。后来发现它有一定的功效,所以便以采食者的名字命名。汉武帝时,有马肝石能够使人的头发变乌黑,所以后人就叫它马肝石。还有一种说法是,采取的时候,如果发现是九根,吃了以后可以成仙,所以就叫它九真藤。

集解

何首乌本出自顺州南河县,现在处处都有,而以西洛、嵩山等地的品种最好。春天生苗,蔓绕在竹子、树木、墙壁间生长,茎为紫色。叶叶相对像山药的叶子,没有光泽。夏秋季节开黄白花。结子有棱,像荞麦而细小,与粟米一样大。一般于秋冬季节采取根部,根像拳头一样大,有五棱瓣,像个小甜瓜。据说这种草是一个叫何首乌的人发现的,他是顺州南河县人,到了五十八岁还没有娶妻生子,喜欢道术,于是跟随师傅在山中修行。有一天他喝醉了倒在山野中看见两株藤相互缠绕,然后再分开,他觉得很惊讶就把它的根挖出来带回去问别人,可是大家都说不认识,这时候来了一位老者说:"你既然没有子嗣,而这个藤草又这样神奇,恐怕是一种仙药,你快吃了吧。"于是何首乌就把它研成末服下,几个月下来好像强健了许多,于是常服,结果十年之内生了好几个男孩。之后又给他的孩子服用,孩子们都是头发乌黑而且长寿。

根

气味:苦、涩、微温,无毒。

主治:治瘰疬,消痈肿,疗头面风疮,治五痔,止心痛,补益气血,可使头发、胡须变黑变亮泽。长期服用可强壮筋骨,补益精髓,延年益寿,也可治疗妇女产后及带下等各种疾病。

科学新概念

营养成分

大黄素、大黄酚、大黄酸、大黄素甲醚;大黄酚蒽酮、淀粉、粗脂肪、卵磷脂等。

健康效果

何首乌的有效成分有降低胆固醇、降血脂的作用,可以强身健体、延缓衰老,还可以治疗脱发,有乌发的功效,此外对神经衰弱也有一定的疗效,能预防癌症。

自然配方

名称	制作方法
何首乌炖鸡	将鸡肉放入锅中加入适量清水,加入研成末包在纱布中的何首乌,加入适量调料,煮至肉烂汤浓即可。食用时将何首乌拿出。此汤有补肝养血的功效,可以治疗失眠、神经衰弱等症,有滋补身体的功效,适宜于老年人食用。
何首乌粥	何首乌研成碎末,包入纱布中;粳米熬粥,五成熟时把何首乌放进粥中,煮至软烂即可。此粥营养丰富,经常食用有补血、乌发的作用,对心脑血管病的治疗也有辅助作用,适宜于少年白发者及老人食用。
炒何首乌猪肝	将何首乌用水煎30分钟制成药液,把猪肝去筋切片加入何首乌汁和水淀粉,放入调味品拌匀。放入烧热的锅中加青菜炒熟即可。食用可以补肝肾、益精血,还有乌发明目的功效。

覆盆子

别名 西国草、毕楞伽、大麦莓等。

《本草纲目》记载
益气轻身,令发不白。食之令人好颜色。

释名
这种植物子的形状像倒过来的盆一样,因此而命名。它还能够补益肾脏,缩小便,服用它之后就可以覆扣尿盆,因此得名。又因为到五月份的时候它的子就成熟了,呈乌赤色,所以俗名为大麦莓。

集解
这种草到处都有,而泰州、永兴、化州特别多,四五月变红成熟,山中的人要及时采摘后拿出来卖。等到它五六分熟的时候就可以采摘了,应置于烈日下晒干,否则容易烂掉。它的味道酸甜,外皮像荔枝,如樱桃一般大小,软红可爱,错过了这个好时节不摘,就会在枝上生出蛆虫,吃多了生内热。

覆盆子

气味:甘,平,无毒。

主治:可以益气轻身,让头发不变白。补虚弱,强阴健阳,润泽肌肤,调和五脏,补肝明目。还可以治疗男子肾精虚竭、阳萎。女子食用可以治疗不孕之症。

科学新概念

营养成分

鞣花酸、β－谷甾醇、椴树苷、胡萝卜苷及少量维生素 C 等。

健康效果

覆盆子有补肾壮阳、抗衰老、减肥、消炎、抗癌防癌、抗氧化、保护心脏、防治心脑血管疾病等功效。

自然配方

名称	制作方法
覆盆子茶	覆盆子和绿茶混在一起,用开水冲泡饮用即可。有补肾壮阳的功效,适宜于阳痿、早泄、遗精等症。还可以用来治疗尿频。
覆盆子粥	覆盆子洗净,当粳米煮至五成熟时放入,煮至熟烂。食用时可根据个人口味放糖。经常食用有壮阳功效,可治疗阳痿早泄等症。

防风

别名　铜芸、茴芸、茴草、屏风等。

《本草纲目》记载

大风,头眩痛恶风,风邪目盲无所见,风行周身,骨节疼痹,烦满。

释名

防就是防御的意思,它的功效就在于治风,所以得名防风。别名屏风就是防风的隐语。而叫它茴、芸,是因为它的花像茴香,气味像芸蒿。

集解

防风生长在沙苑川泽以及邯郸、上蔡等地,现在出自齐州龙山的品种最好,淄州、兖州、青帅州的也不错。正月长叶,呈细圆状,茎叶都是青绿色,茎深叶淡,像青蒿而短小。春初时呈嫩嫩的紫红色,江东人采来做菜,特别爽口。五月开细白花,中心攒聚到一起,像蒔萝花。根为土黄色,和蜀葵的根很相似,二月、十月采摘根部,并把它晒干。关中生长的要三月、六月采摘,然而这种药质地轻虚,不如齐州的好。还有一种石防风,出自河中府,根像蒿根呈黄色,叶子为青色,花为白色,对于治疗头风胀痛很有效。

防风

气味:甘,温,无毒。

主治:治疗大风、恶风头痛,以及眩晕、风邪所致的视力模糊、周身骨节疼痛等,长时间服用可以使身体轻松。还可治疗胁痛、四肢痉挛、男子虚劳,有补中、安神、调理血脉、疏肝理气的功效。

科学新概念

营养成分

甘露醇、木蜡酸、前胡素、色原酮苷等。

健康效果

防风有解热、镇痛、镇静等作用,可以治疗头痛、风湿带来的麻痹、疼痛、关节酸痛等症。

自然配方

名称	制作方法
防风茶	防风和甘草混在一起,加入沸水冲泡。当茶饮用,可以增强机体抗病的能力。

薄荷

别名 蕃荷菜、南薄荷、金钱薄荷等。

《本草纲目》记载

利咽喉、口齿诸病。治瘰疬,疮疥,风瘙隐疹。

释名

薄荷是俗称,现在人们入药用的多以苏州的品种为胜。

集解

薄荷,很多人都栽种,二月老根长苗,清明节前后分枝,它的叶子是成对而生的,刚长出时呈长形而头圆,等再长大一些就变成尖的了。吴、越、川、湖等地的人们多用它来代替茶。苏州所种植的品种,茎小但是气味芳香。江西之地所种的稍稍有点粗。川蜀之地的更粗,入药以苏州产的最好。凡是收取薄荷时,必须要隔夜用粪水浇灌它,下过雨之后就可以收割了,这样收割的薄荷性寒凉。野生的薄荷,茎叶、气味与栽种的都相同。

薄荷

气味:辛,温,无毒。

主治:可以治疗伤寒、心腹胀满、霍乱、消化不良等症。煮成汁服用可以发汗,解除疲劳,也可以生吃。可通利关节,治疗伤寒头痛,四季都可以食用。做菜长期食用可以补肾气,辟邪毒,令人口气清新,口腔清洁。外用敷涂可以治疗蜂蜇、蛇伤。

科学新概念

营养成分

薄荷醇、薄荷酮、乙酸薄荷脂莰烯、柠檬烯等。

健康效果

薄荷有清热泻火、消炎止痛的功效,用于治疗风热感冒、咽喉肿痛、风疹瘙痒等症,有减肥的作用。

自然配方

名称	制作方法
薄荷粥	薄荷叶放入清水中煮20分钟,将薄荷汁沥出,粳米煮至八成熟时,加入薄荷汁和适量的糖,煮熟即可食用。食用此粥有祛风散热的功效,可以治疗咽喉肿痛、感冒等症。

葛

别名　鸡齐、鹿藿、黄斤。

《本草纲目》记载

止渴,利大小便,解酒,去烦热,压丹石,敷小儿热疮。

释名

古时称"鹿藿",因鹿吃九种草,这是其中的一种,因此叫它鹿藿。

集解

葛生长在汶山的山谷中,春天的时候开始长苗,为藤蔓状,长一二丈,紫色,叶子有三个尖,特别像楸叶,但是小一些,呈青色。七月开花,花成穗,累累相赘,红紫色,像豌豆的花,它的荚与小黄豆荚一样也有毛。它的子叫做葛谷,是绿色的,扁扁的就像盐梅子的核,生嚼有一股腥气。八九月份的时候进行采摘。根的形状像手臂一般大,为紫黑色,五月五日午时采挖根部,晒干,以入土深的为好。葛虽然除毒,但是根部入土五六寸以上的部分叫做葛脰,脰就是颈的意思,服用令人呕吐,因为它有微毒。葛分为野生的和家种的,它的花晒干了可以炸着吃。

葛根

气味:甘、辛、平,无毒。

主治:治疗消渴、身大热、呕吐,解各种毒。疗伤寒、中风头痛,解肌发表出汗,开胃下食,止血痢,通小肠,敷蛇虫咬伤,祛毒箭伤。生食,能堕胎;蒸食,可以解酒毒,减轻饥饿感。

科学新概念

营养成分

大豆素、大豆苷、葛根素、葛根醇、葛根藤等。

健康效果

葛根有退热、扩张血管、降血糖、降血脂的功效,对老年性痴呆、高血压、高血脂、心脏病、动脉硬化等病症均有防治作用,临床还常用来治疗痢疾等证。

柴胡

别名 茈胡、地薰、芸蒿、山菜、茹草等。

《本草纲目》记载

治阳气下陷，平肝、胆、三焦、包络相火，及头痛眩晕，目昏赤痛障翳，耳聋鸣，诸疟，及肥气寒热……

释名

柴胡又称茈胡。茈有紫、柴两种读音，茈姜、茈草的"茈"均读"紫"音，而茈胡的"茈"读"柴"音。其生于山中，嫩时可以食用，老了可以采摘作为柴，所以这种苗又被叫做芸蒿、山菜、茹草，但根部名为柴胡。

集解

现在关陕、江湖一带都有，其中以银州（即现在的延安府神木县，五原城是它的遗址）的品种最好，那里出产的柴胡长一尺多，但不易得到。北方产的柴胡像前胡一样柔软，也就是现在人们说的北柴胡，用它入药效果最佳。二月长出幼苗特别香，茎为青紫色，特别坚硬，微微有点绒毛。叶子像竹叶，稍紧密细小，也有像斜蒿叶的，还有的像麦门冬叶，但是有点短，七月份开黄花，根是淡赤色，像前胡一样粗壮。生长在丹州的柴胡结的是青子，与其他地方的不是同一类。它的根部像芦头，还有赤毛像老鼠的尾巴，独苗生长的最好。柴胡的香气可以向四周飘散，经常会有白鹤、绿鹤在它附近飞翔。银、夏柴胡最好了，现在好多人都不能识别它的真假，有的人就用同、华产的代替它，然而这也胜过其他地方的品种。解散用北柴胡，清虚热用海阳软柴胡最好了。

根

气味：苦，平，无毒。

主治：治疗心腹之疾、饮食积聚等症，能驱除邪气，长时间服用可以使身体轻松，有明目、补益精气的效果，还可以治疗腹胀便秘、肩背酸痛、消瘦乏力。可除烦燥，止惊悸，消痰止咳，润泽心肺，治疗头痛眩晕、小儿痘疹等症。

科学新概念

营养成分

辛烯酸、壬酸、苯酚、甲氧基苯酚、辛内酯、柴胡皂苷等。

健康效果

柴胡有解表退热的功效,常用于感冒发烧、疟疾、女子月经不调等症的治疗,对肺结核、支气管炎、腹膜炎、神经炎、胆结石等症也有一定疗效。

自然配方

名称	制作方法
柴胡排骨汤	排骨切成小块,用水煮开后,加入洗净的柴胡和适当的调味品,煮至排骨软烂即可。此汤营养丰富,经常食用可以增强体质,增强身体免疫力,消除疲劳,对肝病也有一定的辅助治疗作用。
柴胡粥	柴胡洗净,切成小块和粳米放入锅中,加入适量的清水和冰糖,煮至软烂即可。此粥经常食用,可以增强体质,舒缓心情,还有一定的降血脂功效。
柴胡鸡蛋汤	柴胡、当归、陈皮、鸡蛋加水共煮至鸡蛋熟,去渣留取药汁。吃蛋饮汤,每日一次,连服7日。此汤可清热活血,行气止痛,透表除疹,主治气滞血淤兼有外邪型带状疱疹。
银胡猪蹄汤	将猪蹄洗净,剁块,银柴胡用布包好,二者同炖,熟后去药渣,略放食盐调味服食。此汤可治肺经风热所致之荨麻疹、风疹、皮肤瘙痒等症。

苍耳

别名　常思、卷耳、枲耳、羊负来、道人头等。

《本草纲目》记载

茎、叶夏月采曝为末,水服一二匕,冬月酒服。满百日,病出如疬疥,或痒,汁出……皮落则肌如凝脂。

释名

《诗经》中称它为卷耳；《尔雅》中称它为苍耳；这都是因为它的果实而得名的。也有人说它的果实像妇人的耳珰，所以也有叫它耳珰草的。据说洛中人赶羊去蜀地，由于它的叶子有很多刺，粘在羊毛上，于是就带到了中国，所以被叫做羊负来，又叫道人头。

集解

苍耳生长在安陆川谷以及六安田野中，而今已经遍布各地。叶子青白，像粘糊菜的叶子。白花细茎，蔓生植物，可以煮着吃，性滑而少味。四月结子，形状很像妇人戴的耳珰，也有人说像老鼠的耳朵。秋季结果，比桑椹还短小但刺多。在果实成熟时进行采收。古时候，将它的嫩苗炸熟，用水浸淘可以拌着食用，用来充饥。它的子炒去皮，研成面，可以做烧饼吃，也可以熬油点灯。

实

气味：甘，温，有小毒。

主治：治疗风寒头痛、风湿痹痛、四肢痉挛、恶肉死肌，及膝关节疼痛。长时间服用可以治疗肝热，能明目，填髓暖腰膝以及止瘙痒。炒香泡酒服用，可以祛风、补益。

茎、叶

气味：苦、辛，微寒，有小毒。

主治：主治中风、伤寒、头痛、大风癫痫、头风湿痹、毒入骨髓、腰膝风毒。长时间服用可以耳聪目明、轻身健体、增强意志。把叶子放在舌头下面，使唾液流出，可以去目黄、促进睡眠；煮酒服用，可以治疗狂犬咬伤。

花

气味：苦，辛，微寒。

主治：湿疹，疮痈疥癣，湿热痢疾。

科学新概念

营养成分

苍耳苷，叶含苍耳醇、异苍耳醇、苍耳酯等。

健康效果

苍耳有发汗通窍、祛风散湿的功效，可以治疗感冒引起的头痛、鼻塞等症，对鼻炎、皮肤病，及风湿引起的麻痹疼痛皆有疗效。

自然配方

名称	制作方法
苍耳炒鸡蛋	苍耳去皮研成末,与鸡蛋一起搅拌,炒熟服用。可以治疗龋齿、急性牙周脓肿、牙周膜炎、牙髓炎等引起的牙痛。
苍耳水	苍耳用水浸泡15分钟,然后再煮15分钟后,去渣饮用,可以治疗腮腺炎。
苍耳煮鸡蛋	苍耳洗净,加清水煮,15分钟后,去渣留药汁,将鸡蛋打入药汁中煮熟,吃蛋喝药可治疟疾。
苍耳粥	将苍耳去刺放入水中,煮15分钟后,去渣取汁,放入粳米煮粥。此粥适合做早餐服用,可散风除湿,对老年痔疮有调理的功效。

注:苍耳有毒,不宜大量食用。

菊

别名 节华、女节、女华、女茎、日精等。

《本草纲目》记载

治头目风热,风旋倒地,脑骨疼痛,身上一切游风令消散,利血脉。

释名

菊本来是写作蘜,从鞠,而鞠就是穷尽的意思。按照月今来说,九月,菊开黄花,花开到这个时候就穷尽了,所以叫做蘜。节华这个名字也是取它应节候之意。仙方所说的日精、更生、周盈,都是指菊,而根、茎、花、实的名称不同。

集解

菊花生长在雍州川泽以及田野中,正月采根,三月采叶,五月采茎,九月采花,十一月采实,都阴干。菊的品种有很多,只是紫茎的气香,叶子厚而且非常柔软,嫩的时候可以食用,花稍微有些大,味道特别甘甜,这属于真品。如果茎是青色的,叶子细,气味浓烈像艾蒿,花小,味道苦,名字叫做苦薏,这不是真品。花大而且香的是甘菊;花小而呈黄色的是黄菊;花小而气恶的是野菊。由此可见,菊类主要分甘、苦两种。

若为食品,需用甘菊;若要入药,则甘、苦皆可,但不能用叫做"苦薏"的野菊。

菊

气味:苦,平,无毒。

主治:治疗各种因风导致的头痛眩晕、目欲脱、泪出、皮肤死肌、恶风湿痹,长时间服用可以益寿延年。可治疗腰痛,安肠胃,利五脉,通利血脉。另做成枕头可以明目,生熟都可以食用。

白菊

气味:苦、辛,平,无毒。

主治:治疗因风引起的眩晕,能使头发变黑。

科学新概念

营养成分

龙脑、樟脑、菊油环酮、大波斯菊苷、刺槐苷等。

健康效果

菊花的香气使人头脑清醒,而食用菊花有清热解毒、平肝利目、减肥降压的作用,还可以防治冠心病、高血压等心脑血管疾病,对肝炎也有一定的疗效。

自然配方

名称	制作方法
菊花茶	菊花晒干,用沸水冲泡饮用,饮用时可加入适量白糖。经常饮用可以治疗由风湿引起的肌肉酸痛,可以舒缓心神,缓解疼痛,还有降血脂、降血压的作用,适宜于老年人及心脏病患者饮用。
菊花粥	菊花和粳米同煮熬粥,五成熟时放入冰糖,煮至软烂即可。此粥清香扑鼻,口感滑糯,经常食用有清心去烦、明目养肝、健脑养颜、延缓衰老等功效,适宜于老年人长期食用。

名称	制作方法
火锅 菊花鱼片	将白菊花去蒂,有杂质的花瓣舍去不用。将撕下的花瓣放入冷水中漂洗20分钟,沥干水分备用。将鲤鱼洗净,切成薄片备用。将鸡汤、调料一并放入火锅内烧开,把鱼片投入汤中,五六分钟后,打开火锅盖,再抓一些菊花投入火锅内,立即盖好,再过5分钟即可食用。适宜于头痛头晕、眼干、视物模糊、心胸烦热、高血压等症患者。

浮萍

别名 水萍。

《本草纲目》记载

主风湿麻痹,脚气,打扑伤损,目赤翳膜,口舌生疮,吐血、衄血、癜风、丹毒。

集解

浮萍生在池泽之中,不是现在沟渠中所生的。春季开始生长,五月开白花,也有人说是杨花变的。它的一片叶子经过一夜的时间就生出好多叶子,叶子下面有微须,也就是它的根。有一种面、背都是绿色的,还一种叶面为绿色,背面为紫赤色,像血一样的,叫做紫萍。七月份采摘,入药效果特别好。

浮萍

气味:辛、寒,无毒。

主治:能散风热,消肿毒,水火烫伤,治风湿麻痹、脚气、突然暴热并伴随身痒利小便,止消渴。制成膏涂于面部可以消除黑斑;研成末,用酒服用可以解毒。

科学新概念

营养成分

亚麻酸、棕榈酸、亚油酸、叶黄素、醋酸钾、氯化钾等。

健康效果

浮萍有清热解毒的作用,有降血压、抗菌、利尿的作用,可用于感冒、水肿、麻疹等症的治疗。

自然配方

名称	制作方法
浮萍 黑豆汤	浮萍洗净,和事先泡好的黑豆放入锅中,加入适量的清水,煮20分钟,去渣饮汤。此汤有清热、解毒、利尿的作用,适用于小儿急性肾炎。

黄连

别名　王连、支连。

《本草纲目》记载

去心窍恶血,解服药过剂烦闷及巴豆、轻粉毒。

释名

它的根像串珠相连而且颜色发黄,因此而得名。

集解

　　黄连生长在巫阳川谷以及蜀郡太山的南边。苗高一尺多,像茶叶苗,一丛一丛的生长,在冬天也不凋谢。一茎生三片叶子,叶子像甘菊叶,四月开黄花,六月结黄色的果实,像芹子。大概有两个品种:一种根粗无毛有珠,像鹰、鸡爪一样坚实,深黄色。另一种无珠多毛而中间空,黄色稍稍有些淡,二者各有所长。蜀地的黄连粗大,味道特别浓苦,治口渴最有效。江东所产的黄连节像连珠,治疗痢疾最有效。

根

气味:苦,寒,无毒。

主治:可以祛热气,有明目、止消渴、利关节、调理肠胃、润心肺的功效。可用于治疗腹痛下痢、妇女阴肿、目痛流泪、心腹疼痛、胸中郁热、烦躁恶心等病证。长时间服用可以增强记忆力。

科学新概念

营养成分

小檗碱、黄连碱、巴马亭、药根碱、木兰碱等。

健康效果

黄连有清热燥湿、泻水解毒的功效,可以治疗痈疽、疔疮、口舌生疮、无名肿毒,胃热呕吐等症。有极强的抗病毒、抗菌作用。

自然配方

名称	制作方法
黄连汁	黄连切块,加入清水熬汁去渣留汁,药汁加入蜂蜜再煮2分钟,即可用。有清热解毒的功效。

地黄

别名　地随。

《本草纲目》记载

解诸热,通月水,利水道。捣贴心腹,能消瘀血。

释名

把生的地黄用水浸泡检验它的品质,浮上来的叫天黄;半浮半沉的叫人黄;沉在水下的叫地黄。入药时沉底的最好,半沉半浮的次之,浮在水面的不好。

集解

地黄生长在咸阳川泽黄土地的最好,它的苗刚出生时是铺在地上的,叶子像山白菜,叶面深青色,又有些像小芥叶,特别厚,不分叉。叶子中间窜茎,上面有细毛。茎梢开小筒子花,呈红黄色。结的果实像小麦粒。根长四五寸,细的像手指,皮为赤黄色,像羊蹄根和胡萝卜根,晒干就变成黑色,生食有土气。俗称它的苗为婆婆奶。古人种子,现在人种根。有人说摘取地黄的嫩苗做菜,对人特别有好处。有人认为要在二月、八月采根,其实八月残叶还在,叶子中的精气还没全都归进根部;二月又有新苗出生,根中的精气又被叶子吸取了,所以不如正月、九月采,这时又特别适合晾晒。

干地黄

气味:甘,寒,无毒。

主治:脾胃受伤,可驱逐血痹、填充骨髓、生长肌肉,煎汤可治骨折跌打损伤。长时间服用可以减肥,皮肤变白皙,延缓衰老。可治女子胎漏出血,治疗尿血,通利大小肠,祛除胃中饮食积滞,补益五脏内伤虚损不足,通利血脉,补益气力,聪耳明目,强筋健骨,益气安神。补肾阴,祛湿热。

生地黄

气味:大寒。

主治:女子产后心闷、胎漏下血,腕部骨折,淤血出血、吐血,宣捣汁饮用。又能祛热,利小便。捣烂贴心腹部,可活血散淤。

熟地黄

气味:甘、微苦,微温,无毒。

主治:滋阴补血,滋补五脏,使耳聪目明,须发变黑,治男子各种虚损,女子胎漏下血、月经不调及妊娠、产后的各种病变。治坐卧不安、眼睛视物昏花。

科学新概念

营养成分

含梓醇、甘露醇、β-谷甾醇、菜油甾醇等。

健康效果

生地黄有一定的强心、利尿、升高血压、降低血糖等作用,熟地黄有滋阴补血的作用,可以治疗女子月经不调、男子遗精盗汗等症。

自然配方

名称	制作方法
地黄炖狗肉	熟地黄用纱布包好,和切好的狗肉一起放入锅中,加入清水和调味品,煮至狗肉软烂即可。适用于脾肾阳虚、腰膝酸痛、身体虚弱、浮肿等症。冷库工作人员、水湿行业人员常食能御寒祛湿,男性常食能增强性功能。
地黄粥	地黄用水熬汁,去渣备用,粳米熬粥,煮至五成熟时加入药汁煮熟即可食用。此粥有清热止血的功效。适用于低烧不退、口鼻出血等症。
鲜地黄汁	将鲜地黄洗净、榨汁,加适量冰糖,稍微加热,至温度不烫口为宜,服下。此汁对肺结核咳血患者有一定疗效。

白头翁

别名　野丈人、胡王使者、奈何草。

《本草纲目》记载
赤痢腹痛,齿痛,百骨节痛,项下瘤疬。

释名
这种草处处都有,接近草根的地方有白色的茸毛,形状像白头老翁,以此而得名。丈人、胡使、奈何,都是说它的形状像老翁的意思。

集解
白头翁生在高山山谷以及田野中,正月生苗,一丛一丛地生长,形状像白薇,但是柔细稍长。它的叶子像芍药一样大,茎的顶端有花,紫色,像木槿花。果实大的像鸡蛋,白毛有一寸多长,正像白头老翁。它的根部为紫色。白头翁于二月采花,四月采果实,八月采根,都晒干。据说它的苗有风的时候就静止不动,而无风的时候则自己摇动,非常神奇。现在山中还有人卖白头翁丸,说服用可以长寿,实际上这种草用的是它的根部,而取名是根据它的形状。

根
主味:苦,温,无毒。
主治:能够活血止痛,治疗外伤。可治疟疾瘰瘤、痢疾、腹痛、骨节疼痛,及一切邪风所致的疾病。能暖腰膝、明目、消赘。

科学新概念

营养成分
皂苷、葡萄糖、鼠李糖、白头翁素等。

健康效果
白头翁有清热凉血的功效,临床主要应用于对痢疾的治疗。另外白头翁还有很好的消炎作用,对胆囊炎、腮腺炎等都有作用,同时白头翁还有一定的防癌抗癌的功效。

自然配方

名称	制作方法
白头翁泥	将白头翁根捣成泥状,外敷可以治疗痔疮、小儿秃疮等证。

牡丹

别名 鼠姑、鹿韭、百两金、木芍药、花王。

《本草纲目》记载

和血、生血、凉血,治血中伏火,除烦热。

释名

牡丹以红色的为好,虽然也结子,但是根上长苗,古人就叫它牡丹。唐朝时人们叫它木芍药,因为它的花像芍药,而把它晒干又像木。百花之中,以牡丹为第一,芍药第二,所以叫牡丹为花王,芍药为花相。

集解

牡丹生于巴郡山谷以及汉中。二月在梗上生苗叶,苗像羊桃,三月开花,野生的花叶和种植的相似,但花瓣只有五六片。五月结黑色的果子,像鸡头一样大。根部黄白色,可以长到 5 ~ 7 寸,大的像笔管,这是比较贵重的山牡丹,不作药用。牡丹花也有红色、深绿色的,只是山中的单叶红花,根皮入药效果最好了。

根皮

气味:辛,寒,无毒。

主治:可以治疗头痛腰痛、中风抽搐、惊痫、女子经脉不通、月经淋沥等症。有排脓散淤、强筋骨、活血、生血的功效,长期服用可以轻身长寿。

科学新概念

营养成分

牡丹皮原苷、牡丹酚、芍药苷、羟基芍药苷等。

健康效果

牡丹有清热活血的功效,有镇静、降血压的作用,临床可用于对跌打损伤、淤肿疼痛等症的治疗,还可以治疗急性阑尾炎。

自然配方

名称	制作方法
牡丹花银耳汤	银耳煮至八成熟,加入牡丹花瓣,煮至银耳软烂即可。此汤有润肺清热的功效,专治肺热咳嗽等症。

芍药

别名 将离、白木、余容;白者叫金芍药,赤者叫木芍药。

《本草纲目》记载

邪气腹痛,除血痹,破坚积,寒热疝瘕,止痛,利小便益气。通顺血脉,缓中,散恶血,逐贼血,去水气……

释名

芍药,绰约美貌,这种草就是因为花容绰约而得名的。

集解

芍药生中岳川谷以及丘陵一带,而淮南之地的比较好。春天的时候发红芽,一丛一丛地生长,茎上有三枝五叶,像牡丹,但比它长,高达一二尺;夏初开花,有红白紫几种颜色;结子像牡丹,但要小一些。二、八月采根晒干。芍药分两种,草芍药及木芍药。木芍药花大而颜色深。目前用的多是种植的,想要它的花叶肥大,一定要在土壤中加入农家肥。现在药店中绝大多数用的都是扬州产的。入药应选择单叶的根,这种气全味厚。

根

气味:苦,平,无毒。

主治:驱除邪气,治疗腹痛腰痛,利小便,通顺血脉,活血化淤,消肿痛,补五脏,益肾气,泻肝火,安脾胃,治疗咳嗽气喘、妇人胎前产后等一切疾病。

科学新概念

营养成分

苯甲酸、没食子酸、芍药苷、氧芍药苷等。

健康效果

芍药有镇痛、通经、护肝、养血的作用,对腹痛、胃痉挛、眩晕、痛风等病证均有疗效。芍药还有美容作用,能使皮肤洁白有弹性,还可以消除脸上的雀斑。

自然配方

名称	制作方法
芍药花粥	芍药花摘下花瓣洗净待用,粳米熬粥,粥煮至五成熟时,加入花瓣煮至软烂即可。此粥香味浓郁,软滑可口。经常食用有养血补气的作用,可以治疗烦躁不安女子经期腹痛等症。

甘草

别名 蜜甘、蜜草、美草、灵通、国老等。

《本草纲目》记载

解小儿胎毒惊痫,降火止痛。

释名

这种草是众药之主,药方中常常少不了它,就像香中有沉香一样。国老是皇帝老师的称呼,虽然不是国君却是国君的宗师,因甘草能调节百药,治疗七十二种乳石毒,解一千二百种草木毒,所以有这个名字。

集解

甘草生长在河西川谷积沙山及上郡。春天生青苗,高一二尺。叶子像槐叶,叶端微尖,有些粗糙。七月开紫花,结的果实像毕豆,特别坚硬,牙咬不破。根长可达三四尺,粗细不定,皮为赤色,上面有横梁,梁下都是细根。二、八月采后去芦头及红皮,阴干留待使用。现在的甘草有好多种,以坚实断理的最好。质地轻虚、纵理以及细软的不用,只有江湖医生才用。

根

气味:甘,平,无毒。

主治:祛除五脏六腑的寒热邪气,强筋健骨,生肌,增强体力,解毒,长时间服用可以轻身,延缓衰老。能止渴,通血脉,利血气,治腹痛、惊悸、肾气内伤,安定魂魄,疗妇人血沥腰痛。

科学新概念

营养成分

甘草甜素、甘草苷、甘草苷元、甾甘露醇等。

健康效果

甘草有解毒祛痰、止痛的作用,有降血脂、消炎的功效。可治疗气喘咳嗽、恶心呕吐、肝炎、肺结核等症。

当归

别名　乾归、山蕲、白蕲、文无。

《本草纲目》记载

治头痛、心腹诸痛,润肠胃筋骨皮肤。治痈疽,排脓止痛,和血补血。

释名

"蕲"是古"芹"字。有人说当归是芹类,但当归本非芹类,只是因为它的花叶像芹,所以得芹名。古人娶妻后为了有子嗣续香火,用当归做药给女人调血,有思夫的意思,所以有当归的名字。这正和唐诗中"胡麻好种无人种,正是归时又不归"的意旨相同。古人以芍药相赠,以文无相招。文无一名当归,芍药一名离故。当归可以使气血各有所归,因此可能取的是此意。

集解

当归生在陇西川谷,春天生苗,绿叶有三瓣,七八月间开花,像莳萝,呈浅紫色。根黑黄色,以肉厚而不枯的品种为好。二、八月采根,阴干使用。现在陕、蜀、秦州、汶州各处的人多栽种,把秦地当归中头圆、尾多、色紫、气香、肥润的叫马尾当归。陕西、四川北部的当归,多根枝,而且细;历阳所产的,色白,气味薄,与陇西的不同,叫做草当归,在药材缺乏时也可以代替当归使用。有人说当归以宕州出产的质量最优,应用最广。入药时,治疗身体上部疾患宜用当归头;中部疾患宜用当归身;下部疾患宜用当归尾;全身疾病就用全当归。使用后应晒干,趁热用纸包好,密闭储藏,可防虫蛀。

根

气味:苦,温,无毒。

主治:治咳嗽;流产不孕,宜煮汁饮服。能温中止痛,补虚损,补五脏,治风湿痹痛、齿痛、腰痛、腹痛下痢、胃肠虚冷。还可以补血活血,排脓止痛,生肌,润肤。

科学新概念

营养成分
基本内酯、正丁烯酰内酯、阿魏酸、烟酸等。

健康效果
当归有活血散淤、补血养气的功效,可以治疗因跌打损伤而引起的淤肿、风湿引起的麻痹疼痛、便秘等症,还可以治疗女子月经不调、痛经。

自然配方

名称	制作方法
当归红枣粥	当归洗净,切成小块,加入清水,煮10分钟左右,滤去渣滓,药汁留用。粳米和红枣一起熬粥,煮至五成熟时加入药汁和适量的冰糖,煮熟即可食用。此粥有极强的补血功效,极适宜病后初愈的人滋补身体,另外此粥有一定的促进消化和通便的作用,可以预防便秘。
当归酒	当归洗净切片,放入烈酒之中浸泡大约15天,即可饮用。此酒有活血化淤的功效,对跌打损伤、关节扭伤、风湿引起的疼痛都有疗效。
当归生姜羊肉汤	将姜和羊肉分别洗净,姜拍松,羊肉切块,和当归一起加水适量,共炖熟加盐调味即可。此汤温中补虚、温阳散寒,适用于脾肾阳虚、畏寒、肢冷自汗、小便清长、大便稀薄者。

沙参

别名 白参、知母、羊乳、羊婆奶、铃儿草、虎须、苦必等。

《本草纲目》记载

清肺火,治久咳肺痿,并一切恶疮疥癣及身痒,排脓,消肿毒。

释名

这种参和人参、玄参、丹参、苦参组成五参,它们的形状不相似,而主治相似,所以都用参来命名。沙参是白色的,适合生长在沙地,因此而得名。它的根多白汁,又有人叫它羊婆奶,或叫羊乳。沙参无心味淡,但又叫苦心,其道理不甚清楚。像花形,又叫铃儿草。

集解

沙参现在各处山谷中都有,二月生苗,叶子像刚长出的小葵叶,呈团扁状且不光滑,青色,八九月抽茎,高一二尺。茎上的叶子尖长,像枸杞叶,有小细齿。秋月间开小紫花,长二三分,形状像铃铎,有五个白色花蕊。开花时,它的根大小和手指差不多,为红黄色,以中间白且质地坚实的为最好。南方生长的沙参叶子或细或大,白色花瓣上有白色的黏着物,这便是与北方参的不同之处。结的果实像冬青石,中间有细子。霜降后,苗就枯萎了。它的根生长在沙地,长有一尺多,黄土地生长的就小一些。根茎都有白汁。于八九月份采摘白而且坚实者,春天采摘微黄空虚者。奸商常常絷蒸压实后,以假乱真充当人参来卖,但是这样的参体轻,味淡。

根

气味:苦,微寒,无毒。

主治:治血淤证,能补中益肺,除寒热。还可以治疗胸痹腹痛、头痛眩晕、肌肤发热、嗜睡、皮肤瘙痒等症。有排脓消肿毒的效果。可清肺火,治久咳肺痿,祛除邪风、寒热,补虚,补肝气。久服对人体有利。

科学新概念

营养成分

水杨酸、香草酸、佛手柑内酯、法卡林二醇等。

健康效果

沙参有养阴清肺、益胃生津的作用,可以治疗干咳少痰,咽干口渴等症,还有一定的降低体温、镇痛的作用。

自然配方

名称	制作方法
沙参煮鸡蛋	沙参切块,用纱布包好,将药包和鸡蛋同煮,鸡蛋熟后,剥皮放入药液中再煮15分钟。吃这样的鸡蛋可以增强体质,增强身体免疫力,有健脑的作用,还可以防治癌症。
沙参炖鸭	沙参切片,鸭子去内脏,切块,放入锅中加入清水和调味品在一起炖,煮至肉烂汤浓即可。此汤肉味鲜美,营养丰富,吃肉喝汤有养胃生津的功效,经常食用可以滋补身体,防止便秘。
沙参百合润肺汤	将无花果洗净,对半切开;沙参、无花果、猪瘦肉、陈皮洗净,和百合一起放入开水中,继续用小火煮约1小时,加少许盐调味。可早晚饮用或佐餐。此汤可滋阴润燥、清音通便,适合睡眠不足引起的咽喉干痛等症。
沙参米粥	沙参捣碎,加粳米、冰糖适量,同入沙锅内,加水煮至参烂、汤稠即可。早晚两次,温热服食。此粥具有润肺养胃、清热养阴、祛痰止咳的功效,适用于肺热燥咳、津少口渴等症。

半夏

别名 守田、水玉、地文、和姑。

《本草纲目》记载

除腹胀,目不得暝,白浊,梦遗,带下。

释名

五月份的时候半夏开始生长,正值夏天的一半,因此而得名。守田是会意得名,水玉是因为形状而得名的。

集解

　　半夏生在槐里山谷,二月生苗,只一茎,茎的顶端有三片叶子,浅绿色,特别像竹叶,而生在江南的就像芍药叶。根下相互重合,上大下小,皮黄肉白,五、八月份采摘根,用灰裹两日,开水洗净晒干。五月份采的虚小,八月份采的果实大,生在平泽的特别小,叫羊眼半夏。由跋很像半夏,但苗不同。

根

　　气味:辛,平,有毒。

　　主治:治吐食反胃,可开胃健脾,消肿散结,除腹胀、咽喉肿痛。治霍乱转筋,补肝风虚,调和胃气,具美容功效。治疗伤寒寒热、胸胀、头眩晕、肠鸣。

科学新概念

营养成分

烟碱、黏液质、天门冬氨酸谷氨酸、精氨酸、胆碱等。

健康效果

　　半夏有止呕化痰、消肿止痛的功效,临床用于咳嗽痰多、反胃呕吐等症。

自然配方

名称	制作方法
醋汁半夏	半夏加清水熬汁,15 分钟后,滤去渣滓,加入醋,慢慢咽下。此方专治突发性喑哑。
半夏止呕汤	半夏、干姜、党参一起熬制,专治反胃呕吐等症。
生半夏、甘露子,共捣烂,敷于患处,专治毒蛇咬伤。对皮肤肿痛有特殊疗效,有去淤血、止痛的功效。	

桔梗

别名　白药、梗草、荠苨。

《本草纲目》记载

主口舌生疮，目赤肿痛。桔梗清肺气，利咽喉，其色白，故为肺部引经。与干草同行，为舟楫之剂。

释名

这种草的根结实梗直，因此得名。桔梗、荠苨本是一类，有甜、苦两种，现在把荠苨叫做甜桔梗。然而它们的性味、功用都不同。

集解

桔梗生长在嵩高山谷以及冤句。春天生苗，茎高一尺多。叶子像杏叶，呈椭圆形，四片叶子相对而生，嫩时也可以煮着食用。夏天开小花，紫碧色，很像牵牛花，秋后结子。八月份采摘根，它的根有心，如果没有心的就是荠苨。关中所出的桔梗，根像蜀葵的根。此种茎细，青色，叶小，像菊花的叶子。桔梗治疗蛊毒很有效果，荠苨能解药霉，两者叶子相似，但荠苨的叶子下面光滑润泽没有毛，它的叶子是相对而生的。

根

气味：辛，微温，有小毒。

主治：治疗胸胁刺痛、腹胀肠鸣、惊恐悸气、咽喉肿痛。止霍乱转筋，能补五劳，除秽邪，补血气，清利头目，除肺热，治口舌生疮。

科学新概念

营养成分
桔梗皂苷、桔梗酸、桔梗糖、菊糖等。

健康效果
食用桔梗有止咳化痰、消炎止痛的作用，可用于支气管炎、肺炎、胸膜炎、咽喉肿痛等病的治疗。

自然配方

名称	制作方法
桔梗茶	桔梗洗净,用开水冲泡,饮用时加入适量蜂蜜即可。经常饮用此茶可以化痰利咽,治疗慢性咽炎、咽喉肿痛等症,适宜于从事演员、教师等职业的人长期饮用。

独活

别名　羌活、羌青、独摇草、护羌使者、胡王使者、长生草。

《本草纲目》记载

治诸中风湿冷,奔喘逆气,皮肤苦痒,手足挛痛劳损,风毒齿痛。

释名

这种植物一茎直上,不随风摇动,所以叫独活。这种草,有风的时候不随风摇动,而没有风的时候,自己却摇动,因此又得名独摇草。独活是羌活之母。产自羌中的独活最好,所以它又有了羌活、胡王使者等名。

集解

独活生在雍州川谷,或者陇西南安。春天生苗,叶子像青麻,六月开花,一丛一丛的,有的黄色有的紫色,结果实时叶子黄色的,是夹石上所生的;叶青色的是土脉中所生的。二、八月采根晒干用。独活、羌活是一类的两个品种,生长在西羌的就是羌活,生长在其他地方的就是独活。现在蜀地有一种大独活,像桔梗一样大,而气味也不和羌活相似,它性微寒而且效果也不明显。还有一种独活,也是来自蜀地,像羌活,微黄,特别大,收的时候要切成寸节晒干,气味芳香浓烈,其中有一部分还带有槐叶的气味,很多人将它入药,但应经过多次检验,才能确定是否为真品。这种植物产地不同,颜色和形状也有所不同。西蜀产的呈黄色,气味香甜如蜜;而陇西产的为紫色,当地人称它为山前独活。古方中只用独活,而今方中独活、羌活二者均可入药。

根

气味:苦、甘、平,无毒。

主治:治疗跌打损伤、惊痫,以及风邪所致的关节麻木、疼痛,还可治中风湿冷、皮肤瘙痒、手足拘挛疼痛、目赤眩晕、头痛、腰脊疼痛,泻肝火。长时间服用可以防止衰老。羌活还可治风邪所致的咽痒失声、口眼歪斜、半身不遂等症。

科学新概念

营养成分

二氢山芹醇、欧芹酚甲醚、异欧前胡内酯、香柑内酯、花椒毒素等。

健康效果

独活有散寒止痛的作用,可以治疗风湿引起的麻痹疼痛、腰背酸痛、头痛、牙痛等。

自然配方

名称	制作方法
独活煮鸡蛋	独活研成末,和鸡蛋同在清水里煮,等鸡蛋煮熟时,用勺将鸡蛋壳小心打碎,然后再煮20分钟,食用时只吃鸡蛋。食用这样的鸡蛋有镇静安神的作用,可以治疗眩晕、恶心呕吐等,对梅尼埃病也有疗效。
独活乌豆酒	独活和乌豆在一起煮沸,滤去渣滓,将药汁倒入酒中,10天后即可饮用,每次一小杯。经常饮用可以治疗关节疼痛,对痛风也有一定的疗效。
乌豆独活瘦肉汤	将瘦猪肉切片,与乌豆、独活一起放入沙锅中,加适量清水,大火煮沸,改慢火炖2~3小时,加盐和少许米酒调味即可。此汤可祛风湿,调经络,止痛散寒。

乌头

别名 乌喙、草乌头、土附子、耿子、毒公、射罔等。

《本草纲目》记载

消胸上痰冷,食不下,心腹冷疾,脐间痛,肩胛痛,不可俯仰,目中痛,不可久视,又堕胎。治头风喉痹,痈肿疔毒。

释名

乌头,形状像乌鸦的头,有两歧相合像乌鸦嘴的,就叫乌喙;而野生在其他地方的乌头，俗称为草乌头，也叫竹节乌头；出自江北的叫做淮乌头。取草乌头的汁，可以晒成毒药，射禽兽，所以有射罔之称。

集解

乌头、乌喙生长在朗陵山谷，正月开始生长，叶子厚，茎方，中间空，叶子四四相对而生，和蒿相似。它的根部外黑内白、皱并且干枯的毒性特别厉害。乌头捣成汁，猎人把它涂在箭上，被射中的禽兽十步之内必定倒下。射中人也一定会死。

乌头

气味：辛，温，有大毒。

主治：除寒湿痹，治咳嗽、饮食不下、肩胛痛、眼睛痛，不能长时间看东西、怕风怕寒、肠腹绞痛、牙齿痛，可壮阳强志。

乌喙

气味：辛，微温，有大毒。

主治：风湿，男子阴囊湿痒，腰痛不能行走，可堕胎。

科学新概念

营养成分

乌头碱、次乌头碱、异乌头碱、塔拉弟胺、川乌碱等。

健康效果

乌头有祛风除湿、温经止痛的功效，主治风寒湿痹、关节疼痛、心腹冷痛、寒病作痛等，但需炮制后方可内服。

自然配方

名称	制作方法
乌头酒	乌头切片泡入烈酒中，20天后即可使用，乌头酒外敷，有止痛作用，可用于肌肉拉伤、关节扭伤等症。
注：乌头有毒！使用请遵医嘱！	

骨碎补

别名　猴姜、胡孙姜、石毛姜等。

《本草纲目》记载
治耳鸣及肾虚久泄，牙疼。

释名
开元年间，皇帝用它来主治伤折，补骨碎，因此而命名的。江西人叫它胡孙姜，是外形相像的原因。

集解

骨碎补生在江南，它的根寄生在树石上，多在背阴的地方，外形有黄赤色的毛以及短叶附着，又抽大叶成枝。叶子像石韦，叶面青绿色，有青黄点，背部青白色，有赤紫点，根像姜而且细长。春天生叶，到冬天就干黄了，没有花和果实。采摘根部可以作为药材。

根

气味：苦，温，无毒。

主治：有破血止血的功效，主治跌打损伤、闪筋折骨、骨中毒气、风血疼痛、上热下冷。研成末，夹于猪肾中煨食，治肾阳虚浮所致的牙痛、耳鸣、久泄。

科学新概念

营养成分
柚皮苷、豆甾醇、菜油甾醇、葡萄糖等。

健康效果
骨碎补有祛除风湿、强壮筋骨、活血止痛的功效，可以防治动脉硬化和骨质疏松，有降低胆固醇的作用。外敷还可以治疗鸡眼。

自然配方

名称	制作方法
骨碎补粥	骨碎补切成块,用清水煮15分钟,去渣,用药汁和粳米同煮,煮至软烂即可。此粥有益肾止痛的作用,可护齿固齿,治疗牙痛。
骨碎补酒	骨碎补切块,用纱布包好,放入烈酒中浸泡20天,即可饮用,一次一小杯。此酒有活血化淤的功效,适宜于四肢无力、腰脚麻木等症的治疗。

天麻、赤箭

别名 赤箭芝、独摇芝、定风草、神草等。

《本草纲目》记载

主诸风湿痹,四肢拘挛,小儿风痫惊气,利腰膝,强筋力。

释名

赤箭是根据其形状而命名,独摇、定风是根据它的性质命名的。离母、合离以根部的不同而命名,神草、鬼督邮是以它的功能命名的。天麻就是赤箭的根部。

集解

《神农本草经》中只有赤箭,后人称其为天麻。赤箭生在陈仓川谷、雍州以及太山少室。属于芝类,春天生苗,刚出生时像芍药,独抽一茎直上,高三四尺,像箭杆,青赤色,所以又叫赤箭芝,芝中空,贴茎微有尖小叶。梢头生成穗,开花结子,像豆粒一样大,它的子到夏天也不落,透过空虚的茎落入土中俗称还筒子。它的根形状像黄瓜,连生一二十枚,大的可达半斤重,有的达六两,它的皮黄白色,叫龙皮,肉名天麻,二、三、五、八月之内采摘,刚采回时趁着湿润刮去皮,沸水煮一下,晒干收起来,可以入药。当地人多生吃,或蒸煮后食用。

人如果服用比较大的天麻,可以延年益寿。使用天麻时不要用御风草,如果两者同时使用,会让人得病。二者很像,只是叶茎不同。御风草的根茎有斑,叶背白有青点。赤箭的根、茎均可入药。根晒干后肉白坚实,叫做羊角天麻;蒸后发黄,且有皱纹,像干瓜的俗称酱瓜天麻。

根

气味:辛、温、无毒。

主治:能祛除邪气,杀蛊毒,长时间服用可以益气力,滋阴、健体、轻身延年。理气、消肿,治疗胸胁、胀满、便血。还主治风湿痹痛、四肢拘挛、半身不遂、头痛眩晕、神志恍惚。

还筒子

主治:有定风补虚的功效,与天麻的疗效相同。

科学新概念

营养成分

天麻素、甘氨酸、丙氧酸、柠檬酸等。

健康效果

天麻可以治头晕目眩,有镇痛作用,经常用于神经性头痛、神经衰弱、半身不遂、高血压等病的治疗。同时天麻还有一定的补脑明目作用。

自然配方

名称	制作方法
天麻炖鸡	鸡肉切块,和切成片的天麻一起煮,煮至鸡肉软烂加入调料即可食用。此汤营养丰富,滋补效果强,适用于老人、孕妇及病后初愈者等一切身体虚弱者食用。
天麻煮鸡蛋	天麻研成末,和鸡蛋同在清水里煮,等鸡蛋煮熟时,用勺将鸡蛋壳小心打碎,然后再煮20分钟,食用时只吃鸡蛋。食用这样的鸡蛋既有滋补的作用,又有药用。可以治疗头痛,对眩晕也有一定疗效。
天麻炖猪脑	天麻、猪脑洗净,放入大碗中。加适量清水,蒸熟服用。天麻有养肝定惊、镇痛、治眩晕、强筋骨等效用;猪脑可补脑髓、抗虚劳。每日或每隔一日服一次,可调节失眠伴眩晕眼花、头痛、高血压、动脉硬化等症。

三七

别名　山漆、金不换。

《本草纲目》记载

止血，散血，定痛。金刃箭伤，跌扑杖疮，血出不止者，嚼烂涂，或为末掺之，其血即止。

释名

有些人说它的叶子左面三片，右面四片，所以叫它三七。还有人叫它山漆，说它能愈合金疮，像漆黏合住物体一样，这种说法比较接近。金不换是形容它的贵重。

集解

它生长在广西南丹诸州番峒的深山中，采摘它的根晒干，黄黑色，团形的有些像白及，长形的像老干地黄，有节。味道微甘而苦，很像人参的味道。有人说，辨别它的真假时，把它研成末掺到猪血中，血化为水的就是真的。近代传说是一种草，春天生苗，夏天高三四尺，叶子像菊艾，有分叉尖锐，茎有赤棱，夏秋开黄花，花蕊像金丝，但不香，止血功效很好。

根

气味：甘、微苦，温，无毒。

主治：能止血活血定痛。治疗刀刃箭伤、杖伤流血不止，把它嚼烂，或者研成末敷上，可以止血。也治吐血、便血，产后恶露不净、虎蛇咬伤等症。

科学新概念

营养成分
人参皂苷、黄酮苷、蛋白质、油脂等。

健康效果
三七能散淤止血、消肿定痛，用于吐血、咳血、便血、外伤出血、跌打肿痛等症的治疗。

自然配方

名称	制作方法
三七炖排骨	三七洗净敲碎,用纱布包好。排骨切块,和药包同煮,五成熟时加入调料煮至肉烂即可。此汤营养滋补,益气补虚,有补血壮阳的作用,可治疗老年人四肢无力、腰膝酸软等症。

大蓟、小蓟

别名 虎蓟、马蓟、猫蓟、刺蓟、山牛蒡、鸡项草、千针草、野红花。

《本草纲目》记载

利女子赤白沃,安胎,止吐血鼻衄,令人肥健。

释名

大蓟就是虎蓟,小蓟就是猫蓟,叶子都是多刺,很相似。田野中甚多,方药中很少用。蓟的花就像人的发髻。叫虎、猫,是因为它的苗形状很狰狞;叫马是因为它长得大;叫山牛蒡是因为它的根像牛蒡的根;叫鸡项,是它的茎像鸡的颈;千针、红花都是说它花的形状。

集解

大小蓟的叶子很相似,但是功用却不同。大蓟生在山谷中,根可以疗痈肿;小蓟生在平泽,不能消肿。二者都能够破血。小蓟到处都有,俗名叫青刺蓟。它们都是二月份生苗,长到二三寸时,用根做菜,吃起来特别鲜美。四月份长到一尺多高,多刺,心中长出花来,头像红蓝花但为青紫色,

大蓟根、叶

气味:甘,温,无毒。

主治:治疗妇女赤白带下,安胎,止吐血,使人肥健,治肠痈、腹脏淤血、恶疮疥癣。

小蓟根、苗

气味:甘,温,无毒。

主治:养精保血,破宿血,生新血。治暴下血、血崩、金疮出血、吐血,绞取汁温服。作煎剂和糖,可以解金疮和蜘蛛蛇蝎的毒。开胃下

食,补虚损,除风热。

科学新概念

营养成分

生物碱、挥发油、乙酸蒲公英甾醇、豆甾、单紫杉烯等。

健康效果

蓟有止血凉血的功效,一般用于吐血、尿血等出血症状,外敷可以治热毒痈肿,有清热解毒的功效。

第四章　五畜适为益
——虫、鳞、介、禽、兽部本草

虫部

蜂蜜

别名　蜂糖、石蜜、石饴、岩蜜。

《本草纲目》记载和营卫，润脏腑，通三焦，调脾胃。治心腹血刺痛，及赤白痢，同生地黄汁各一匙服，即下。

释名

蜂蜜是周密、精到地集成的，所以叫做蜜。原有说法叫石蜜，是因为生长在岩石间的药效比较好。现在直接叫蜂蜜，这是正名。

集解

石蜜生长在武都山谷、河源山谷和许多山石间，白色像膏状的比较好。石蜜就是崖蜜，在高山岩石间形成，青色，味道稍稍有点酸，吃了以后让人心烦，酿这种蜜的蜂是黑色的，像虻。木蜜是悬挂在树枝上做成的，清白色。土蜜在土中作成，也是清白色，味道酸。在人家中以及树洞中酿成的蜜也是白色，而味道浓厚甜美。当今晋安檀崖多土蜜，听说最好。东阳临海等地，以及江南向西等地多产木蜜。于潜、怀安等县多出产崖蜜。也有在树木上、人家中酿的蜜。以上各种蜜在煎煮时如果有杂质，则不可以入药。必须亲自看着没有杂质才行。另外也有人说，普通的蜜也有在木上、土中做的。北方土地干燥，多在土中；南方土地湿润，所以多在木上。崖蜜是另一种蜂酿成的，在南方崖岭间，或土窖中。人不能到达那些地方，但可以用长竿刺破蜂巢，让蜜流出来，用器皿盛取，多的有三四石，味道有些酸，绿色，入药比一般的蜜好。张华的《博物志》记载，南方的许多山，在幽僻的地方出产蜂蜡。蜂蜡所附着的地方都是悬崖峭壁，不是攀援能到达的。只能从山顶把人用篮子系下去，才可以采到蜂蜡。蜂看到有人来取便飞走了，有像雀一样的鸟成群飞来把人采剩下的蜂蜡啄食干净，这种鸟叫灵雀。到春天的时候，蜂还会回到这个地方，人们也保护这个地方不受破坏。这个地方就被称为"蜜塞"，这种蜜就叫石蜜。

蜂蜜

气味：甘、平、无毒。

主治：祛除心腹邪气，补五脏的不足之处，益气补中，止痛解毒，除各种疾病，调和百药。长时间服用，可以强心志，使身体轻松，延缓衰老。还可以调养脾气，祛除心烦，下饮食，治疗肌肉疼痛、口疮，使人耳聪目明。还可治疗牙疳齿龋、眼睑赤烂。

科学新概念

营养成分

维生素 B、维生素 C、淀粉酶、镁、磷、钙、钾、铁等。

健康效果

蜂蜜有保护血管、通便降压的功效；可以改善肝功能，增强体质，减肥，预防糖尿病，有抗疲劳、增强免疫力的作用，是防病健身不可多得的佳品。

自然配方

名称	制作方法
蜂蜜水	取适量蜂蜜加入温水即可。常食用蜂蜜水有预防便秘、保护血管、预防心脑血管疾病的作用，还有减肥的功效。用蜂蜜水洗脸可以使脸部洁白细嫩、自然红润、富有光泽，减少皱纹，有美容功效。用蜂蜜水洗发，可以使头发光亮乌黑。
蜂蜜白醋汁	将蜂蜜和白醋按一定比例调配好，每日饮用有减肥的功效。还可以软化血管，预防心血管疾病，对高血压、高血脂等病有辅助治疗作用。

名称	制作方法
姜蜜膏	生姜汁、蜂蜜同置锅中煎煮,至稠黏如膏时停火,待冷装瓶备用。每次取一小部分,以沸水冲化饮用,每日2次,适用于肺寒、肺燥型久咳不愈者。
二仁蜜汤	将核桃仁、甜杏仁、一小块捣碎的生姜放入碗中,加水用旺火煮沸后加入蜂蜜调匀,文火再焖10分钟即可食用。此汤有温肺润燥、止咳平喘祛痰的功效,适用于肺虚型哮喘病人。

蝎

别名　主簿名、杜白、虿尾虫。

《本草纲目》记载

主治小儿惊痫风搐,大人痃疟,耳聋疝气,诸风疮,女人带下阴脱。

释名

江南原来没有蝎子。开元初年有一个主簿,把蝎用竹筒盛着过江,到现在到处都有了,所以俗称为主簿虫。蝎的毒在尾巴上。现在入药用全身的,药名叫全蝎;有用尾巴的,叫蝎梢,它的药力尤其强。

集解

蝎子出自青州,形体紧小的比较好。幼小的蝎子多趴在老蝎子背上,幼子白色,像稻粒。陈州古仓有一种蝎子,形状像钱,蜇人必死。蜗牛能吃蝎子。在青州山中的石头下面可以捕到蝎子:慢火烤,或在烈日中晒,等到蝎子渴时,用青泥喂它;等它吃饱了,用火逼杀。这种蝎子颜色多为赤色,可以增加体重来出售。但使用者要先除去它吃的土。蝎分雌、雄。雄的蜇人,痛局限在一处,用井中的泥敷一敷即可止疼;雌的蜇人可以牵连几处都痛,需要用瓦沟下的泥敷上。蝎的形体像水黾,八足,长尾,有节,青色。现在的人捕获它多用盐泥喂养,入药时去足,焙用。古人说,被蝎子蜇的人,可以用木碗盖上被蜇处,慢慢就好了,这是有神效的秘方。

蝎

气味:甘、辛,平,有毒。

主治:蝎是治风的要药,风证都可选用蝎入药,无论大人、小儿均可服用。可以治疗各种邪风瘾疹,以及中风、半身不遂、口眼歪斜、言语不清、手足抽搐等症。

科学新概念

营养成分

蛋白质、钾、钠、钙、镁、维生素 B 等。

健康效果

蝎子的功效有调节人体机能、促进人体新陈代谢、增强细胞活力等,对神经系统病症、心脑血管疾病、乙肝、肾炎、胃炎、皮肤病及肝癌等多种疑难病症有独特的预防和治疗作用。

自然配方

名称	制作方法
蝎酒	蝎子洗净放入烈酒中浸泡一个月,即可饮用,每次一杯。蝎酒可以治疗中风、半身不遂、口眼歪斜等症,对风湿有独到作用并且对治疗脉管炎、血栓闭塞、心血管病、各种肿瘤、三叉神经痛等症有辅助作用。
炸蝎子	蝎子洗净放入油锅炸熟即可。此菜对风湿带来的关节疼痛有异常疗效。而且有解毒、止痛、通络的功效,对于消化道癌、食道癌、结肠癌、肝癌均有疗效。
蝎子海参煲老鸭	将蝎子放在胶袋里,注入热水,使其排尿,然后洗净。海参用热水泡发,切段。光老鸭去脏杂、尾部,切块,置沸水中稍滚片刻,洗净捞出。猪瘦肉洗净,与其他原料一起,加生姜倒入煲中,加水,大火煲沸后改文火煲2小时,加盐调味即可。此煲具有养阴补肾、通经活络之功效,既能对冠心病、风湿和类风湿病产生辅助疗效,又是冬日里清润滋补的靓汤。
土茯苓炖蝎子	新鲜土茯苓刨成片,备用。先将蝎子放入热水中,使其排尿,然后洗净捞出。将蝎子、土茯苓和瘦肉一起置入煲中,加适量水,炖2小时即可。此汤口感甘甜清润,经常服食可祛风、解毒、止痛、通络,且对消化道癌、食道癌、结肠癌、肝癌均有一定的疗效。

蚯蚓

别名 地龙子、寒蚓、蜿蟮、曲蟮、土龙、附蚓、歌女等。

《本草纲目》记载

主伤寒疟疾,大热狂烦,及大人、小儿小便不通,急慢惊风、历节风痛,肾脏风注,头风齿痛,风热赤眼,木舌喉痹……

释名

蚯蚓爬行时,先弯曲再伸展,它形成的土堆就像山丘,所以叫蚯蚓。别名蜿蟮、曲蟮,是在描述它的形状。它像鳝鱼一样弯曲,像蛇一样行走。随性而行,遇到物体就弯曲。据说,蚯蚓可以使云雨兴起,又知道阴晴,所以有土龙、龙子之名。它的鸣叫声很长,所以又叫歌女。在路上被踩死的蚯蚓,就叫干人踏,入药效果更好。

集解

白色颈部的蚯蚓,生于平原的土壤中,三月份采取,暴晒让它变干。这种蚯蚓入药都是用老蚯蚓。据说得到之后去掉土,然后用盐腌一下,在太阳下暴晒一会儿就变成水了。蚯蚓的粪便叫做蚓蝼,也叫六一泥,因为蚯蚓吃细泥,粪便中无沙石,可用来合制丹药、封堵锅具的裂缝。现在肥沃的土壤中到处都有,

孟夏时节开始出来,仲冬就蛰伏盘结。雨天就在下雨之前出来,晴天就在夜里鸣叫。有人说蚯蚓缠结能变化成百合。蚯蚓是土中的精灵,没有心,交配不分对象,会与皇螽同穴。有经验的人说,蚯蚓咬人后,人就像患大麻风病,眉毛胡须都脱落,可用石灰水浸润。这个物种有毒,据说崇宁来年,陇州兵士夏天光脚走路,被蚯蚓咬,没救过来。又过了几日,又有人被咬中毒,有人告诉用盐水浸泡,并饮一杯盐水,就痊愈了。

蚯蚓

气味:咸,寒,无毒。

主治:蚯蚓化成水,可以治疗伤寒。可治伏热发狂、神志不清、大腹黄疸。温病、大热狂言等,饮汁都可以治疗。炒成屑可以去除蛔虫。用葱化汁可治耳聋。干蚓炒末可疗蛇伤毒。还可以治疗大人、小孩小便不通,以及急慢惊风、头风齿痛、风热赤眼、鼻息肉,亦可解蜘蛛毒。

科学新概念

营养成分

蛋白质、维生素 B、铁、钙等。

健康效果

食用蚯蚓制品有改善身体疲劳状况、降低胆固醇、降血压以及预防神经痛和便泌等疗效。

自然配方

名称	制作方法
地龙酒	地龙酒是用鲜蚯蚓加入中草药和优质大曲酒精心酿制而成。经常饮用可以治疗心脑血管疾病,可以有效预防冠心病、心绞痛,高血压等症。
炸蚯蚓	蚯蚓洗净入油锅炸熟即可。此菜营养价值极高,有滋补作用可以预防脑血栓,对中风后遗症、动脉硬化、高血压和高血黏稠症等有治疗作用。
蚯蚓胡椒豆	将蚯蚓干、黄豆洗净浸泡。沙锅加适量清水,加黄豆、胡椒,煮至黄豆将熟,加入蚯蚓干、盐,煮至黄豆烂。可分多次取食。本品营养丰富,具有祛风、镇静、止痉之功效,可用来做癫痫病的辅助调理食品。
蚯蚓炒鸡蛋	将蚯蚓洗净切段,下沸水焯一下。将 3 个鸡蛋打入碗中,搅打均匀。锅内加油烧热,放葱、姜、蚯蚓煸炒几下,倒入适量料酒,盖上锅盖焖一会。再倒入鸡蛋煸炒,放精盐、味精,炒至蚯蚓、鸡蛋熟即可。此菜可补虚利咽、滋阴润燥,是慢性肾炎、热毒肿痛、虚劳吐血等症患者的食疗菜肴。

蝉

别名 蚱蝉、蜩、齐女。

《本草纲目》记载

小儿惊哭不止,杀疳虫,去壮热治肠中幽幽作声。

释名

蛴螬化成腹蜟,腹蜟裂背声而变化成蝉。"腹蜟"就是"在腹中孕育"。"蝉"就是"变化相互禅让"。据说齐国王后因怨恨齐王而死,死后变成了蝉,所以蝉又有个名字叫做齐女。还有一种说法是美人庄姜是齐侯的女儿,长得蝤首蛾眉。蝶也是蝉的名字,人们为此隐讳不说"蝉",直接呼其为"齐女"。

集解

蝉是各种蜩的总称,都是蛴螬、腹蜟变化而成的,三十天就死去;都是方头广额,两翼六足,用胁发声鸣叫,吸风饮露,只尿不拉粪。古人在夜里用火捕蝉,叫做耀蝉。蝉生在杨柳树上,五月间采取,蒸干,以便食用。但要仔细保存,不要被蛀虫蛀掉。

蝉

气味:咸、甘,寒,无毒。

主治:可以治疗小孩惊痫夜啼、癫病,可以治生育时胞衣不出,有堕胎的作用。

科学新概念

营养成分
蛋白质、钙、磷、维生素 B 等。

健康效果
蝉含营养物质丰富,有益精牡阳、止渴生津、保肺益肾、抗菌降压的作用,对咽喉肿痛也有疗效。

自然配方

名称	制作方法
炸金蝉	蝉洗净下油锅炸熟即可。此菜味道鲜美、香酥可口,营养丰富,是难得的高蛋白、低脂肪的美味。有补肾、清热解毒的功效。可治疗遗尿、肠炎、声音嘶哑等病症。

鳞

鲤鱼

《本草纲目》记载

煮食,治咳逆上气,黄疸,止咳。治水肿脚满,下气。

释名

鲤鱼的鳞有十字交叉的纹理,所以称之为鲤。这种鱼即使因缺水死去,鳞也不变白。兖州人称红鲤鱼为玄驹,白鲤鱼为白骥,黄鲤鱼为黄雉。

集解

原生于九江湖泽之中,现已处处都有,它的胁部有一道鳞,从头至尾,不分大小,都有三十六片,每一个鳞片都有小黑点。众多鱼类中,只有这个品种最好,所以称之为上好的食品。鲤鱼被称为众鱼之长,它形体可爱,又有神奇的变化,甚至传说它可以飞跃江河湖泊,因此仙人琴高乘它而行。如果山上的水中有这种鱼,则不可以吃。

鲤鱼

气味:甘,平,无毒。

主治:煮食可以治疗咳逆上气、黄疸,还可以止渴;可以治疗孕妇的身体浮肿、胎气不安,还有催奶的功效。

科学新概念

营养成分

维生素 A、维生素 D、蛋白质、脂肪、多种氨基酸、蛋白酶、钙、磷、铁等。

健康效果

鲤鱼的蛋白质不但含量高,而且质量高,经常食用能很好地降低胆固醇,可以防治动脉硬化、冠心病,多吃可以健康长寿。

自然配方

名称	制作方法
猪蹄鲤鱼汤	鲤鱼去鳞、去内脏;猪蹄去毛,洗净、切开。加入适量的水,放入盐等调味品,两者同煮,煮至肉熟汤浓即可。此汤又名催乳汤,有通窍催乳的作用,适于产后浮汁不下或乳汁过少者食用。

青鱼

别名 鳠鱼。

《本草纲目》记载
同韭白煮食治脚气脚弱烦闷,益气力。

释名
"青"也写作"鲭"字,名字是用它的颜色来命名的。体型大的叫做鳠鱼。

集解

青鱼生长在江湖之中,南方多产之,北方偶尔会有。何时捕捞没有固定、准确的时间。长得很像鲩鱼,但背部是正青色。南方人多用它来做腌鱼,古人说的五侯鲭就是它。它头部的枕骨蒸过晒干后形状像琥珀,荆州楚人把它煮熟后制作成酒器、梳子、篦子,特别漂亮。过去有人说它可以替代琥珀,这是不对的。

肉
气味:甘,平,无毒。
主治:可以治疗脚癣湿疹,祛除烦闷,增强体力。和韭白同煮,可以治疗脚气。

头中枕
主治:平水气,可治气血凝滞引起的心痛。

科学新概念

营养成分
硫胺素、核黄素、硒、碘等。

健康效果

青鱼有增强免疫力、抗衰老、预防癌症的功效,经常食用还对高血压、高血脂等症有辅助治疗作用。

自然配方

名称	制作方法
青鱼汤	青鱼切段,放入锅中,加入适量清水和调味品,煮熟即可。此汤可预防心脑血管疾病,是滋补佳品。
青鱼粥	青鱼切小块,和粳米熬粥,煮熟即可。食用此粥可以调节肠胃,促进消化,适宜老年人食用。长期食用可治疗脾虚、烦闷湿痹。

鲫鱼

别名 鮒鱼。

《本草纲目》记载

合五味煮食,主虚羸。

释名

据说鲫鱼出行时,一个跟着一个,以相即也,所以叫作鲫;因为相依附,所以又叫作鮒鱼。

集解

鲫鱼,所有湖泽都有,形状像小鲤鱼,色黑而体肥,肚子大,脊背隆起。大的可达三四斤重。这种鱼喜欢偎于泥,不食杂物,所以能够补胃。冬天的鲫鱼肉厚子多,味道特别鲜美。郦道元《水经注》中记载:青林湖的鲫鱼,长二尺,特别肥美,食用可以避寒暑。东方朔《神异经》中也记载:南方湖中多鲫鱼,长数尺。《吕氏春秋》中说,鱼类中的美味要属洞庭湖中的鮒鱼。由此来看,鲫鱼成为上等佳肴的说法自古就有。

鲫鱼

气味:甘,温,无毒。

主治:鲫鱼做成汤可以治疗胃口不好、食欲不振,调理五脏。与白矾烧研后饮服,治疗肠风血痢。与绿矾煅研后饮服,治反胃。

科学新概念

营养成分

蛋白质、硫胺素、核黄素、尼克酸、钙、磷、铁等。

健康效果

鲫鱼所含的蛋白质质优、齐全、易于消化吸收,常食可增强抗病能力,健脾利湿,和中开胃,具有较强的滋补作用,尤适宜老年人和身体虚弱者食用。

自然配方

名称	制作方法
清蒸鲫鱼	鲫鱼去鳞和内脏,洗净,加入调味品,放在锅上蒸熟即可。经常食用有滋补功效。尤适宜久病初愈的人滋补用。

鲈鱼

别名　四鳃鱼。

《本草纲目》记载

补五脏,益筋骨,和肠胃,治水气。多食宜人,作鲊尤良。

释名

黑色曰卢。这种鱼白地黑花纹,因此而得名。淞人叫它四鳃鱼。

集解

鲈鱼出自吴中之地,淞江地区盛产,四五月份才出。长度仅有数寸,形状略微有点像鳜鱼,可是颜色为白色,有黑点,巨大的嘴,细细的鳞片,有四个鳃。据记载,吴人将淞江鲈鱼献给隋炀帝,隋炀帝大加称赞。

鲈鱼

气味:甘,平,有小毒。

主治:补五脏,益筋骨,调理肠胃。益于肝肾,利于保胎。多吃有益于人体,腌制的鱼更好;暴晒干的味道特别香美。

科学新概念

营养成分

蛋白质、脂肪、钙、磷、铁、核黄素、尼克酸等。

健康效果

鲈鱼营养丰富,可补血健身,经常食用有促进消化、止咳化痰的作用,还是减肥美容的佳品。

自然配方

名称	制作方法
清蒸鲈鱼	鲈鱼洗净,放入盘中,加入葱丝、盐等调味品,放在锅里,蒸 20 分钟即可。经常食用有止咳化痰、滋补肠胃的作用,可治疗消化不良、小儿积食、慢性胃病等。能促进手术后伤口愈合。孕妇食用此菜还有安胎下奶的功效。
五味子鲈鱼汤	鲈鱼洗净,放入锅中,加入适量清水、五味子和盐等调味品,煮熟即可。食用此汤可滋补身体,对失眠多梦、心悸心慌、慢性腹泻等症均有疗效。

虾

《本草纲目》记载

法制,壮阳道;煮汁,吐风痰;捣膏,敷虫疽。

释名

"鰕"音同"霞",俗称为虾,因为它用水煮就变红像红霞一样。

集解

江湖中出产的大而颜色发白,小溪中出产的形小而颜色发青。都是磔须钺鼻,背部有段节,尾部有硬鳞,多足而且喜欢跳跃。它的肠属脑,子则在肚外。虾品种有很多:米虾、糠虾是以精粗命名的;青虾、白虾是以颜色命名的;梅虾,因为梅雨时节有而命名;泥虾、海虾是以它的出产地来命名的。岭南有一种天虾,它的卵大得就像蚂蚁,秋后成群的卵落入水中就变成了虾,人们用它来做腌食。凡是大虾,蒸后晒干,去掉壳就叫它虾米,蘸姜醋来吃,是为美味。

虾

气味:甘,温,有小毒。

主治:生水田和沟渠中的虾有毒,腌后毒性更大。在密闭的容器中盛上热饭并腌食,可以把人毒死。捣碎敷可治五野鸡病、小儿赤白游肿。做成羹食用可以治鳖瘕、痘疮,催乳汁。

科学新概念

营养成分

维生素 A、蛋白质、钙、磷、钾、钠等。

健康效果

虾是一种蛋白质非常丰富、营养价值很高的食物,具有防治动脉硬化和冠心病的作用,经常食用可以补钙。孩子、孕妇、老人及身体虚弱者尤适宜食用。

自然配方

名称	制作方法
虾米粥	虾米和粳米同煮,煮至软烂即可食用。此粥营养丰富,易于消化。经常食用,可预防心脑血管疾病,可以有效减少冠心病和心肌梗死的发生。还可以治疗神经衰弱等症。尤适宜老年人及病后初愈的人食用。

海马

别名 水马

《本草纲目》记载

妇人难产,带之于身,甚验……暖水脏,壮阳道,消瘕块,治疗疮肿毒。

释名

海马是鱼虾类的。形状像马,因此而得名。

集解

海马出自南海。形状像马，长五六寸，属虾类。南州《异物志》中说，大小像守宫（蜥蜴的一种），黄褐色。它的头像马，身子像虾，背部弯曲，有竹节纹理。《异鱼图》中说，渔人用密密的渔网打鱼时，它常挂在网上，收取晒干，以雌雄配成一对。妇人难产时手里拿着这种东西就容易生产。又有人说，将海马、赤斑蜘蛛、冯夷水仙丸一同服用，可以居于水中。可惜的是水仙丸到底是何物现已无从得知了。

海马

气味:甘、温、平，无毒。

主治:治妇人难产，还可以治疗血气痛，消除肿块，治疗疗疮肿毒，温肾，壮阳。

科学新概念

营养成分

氨基酸、蛋白质、脂肪酸、铁、钙等。

健康效果

具有补肾壮阳、强身健体、舒筋活络、消炎止痛、镇静安神、止咳平喘等药用功能，对于神经系统的疾病更是特别有效。

自然配方

名称	制作方法
海马酒	海马一对放入烈酒中浸泡一个月，即可饮用，每次饮用一杯。此酒有补肾壮阳之功效，长期饮用可以治男性腰膝酸软、阳萎不举等症。
海马小米粥	小米熬粥，熬好后加红糖。用小米红糖粥送服海马粉。此粥可调经、催产，适宜于妇女难产、血崩。

蛤蚧

别名 蛤解、蛤蟹、仙蟾、蚧蛇、大壁虎。

《本草纲目》记载

补肺气，益精血，定喘止嗽，疗肺痈消渴，助阳道。

释名

蛤蚧是因为它发出的声音而得名,仙蟾是因为它的形状而得名。岭南人称蛙为蛤,也是因为蛤蚧的头和蛙、蟾相似。

集解

蛤蚧生长在岭南的山谷、城墙或大树间。据称雄的为蛤,雌的为蚧,它的形状与大守宫类似,头像蟾蜍,背部附有细鳞,呈浅绿色,上面有土黄色斑点。身长一尺左右,尾巴稍短。蛤蚧叫的声音很大,一般居住在古树洞里,属于守宫、蜥蜴一类。广西横州一带盛产蛤蚧,雌雄上下呼叫多日,感情融洽就开始交配,两个相互交抱在一起,会自行落在地上。人们此时去捕捉,它们也毫不觉察。捉到后用手使劲掰,即使死了也难以分开。此时用熟稿草将它们细细缠起来,蒸熟后晒干出售,制成中药,效果非常好。正常情况下捕捉到的,无论雌雄,只能用于做寻常药物罢了。它们的药力一般集中在尾部,尾巴不全就会丧失效果,所以一般捕捉时要避免它们咬断尾巴自行逃跑。

蛤蚧

气味:咸,平,有小毒。

主治:定喘止咳,补肺虚,对久咳不愈、虚劳咳嗽有很好的疗效。可治气液衰少、阴血枯竭等症。对跌打损伤也有一定的治疗效果。

科学新概念

营养成分
蛋白质、氨基酸、胆固醇、脂肪酸、肌肽、胆碱、肉碱、鸟嘌呤等。

健康效果
增强机体活力,补充身体的亏损,又能增强人体抗病能力。此外,蛤蚧还有补益肺肾、平喘止咳的功效,用于治肾双虚、气喘咳嗽。

介 部

鳖

别名　甲鱼、团鱼、神守。

《本草纲目》记载

除老疟疟母，阴毒腹痛，劳复食复，斑痘烦喘，妇人经咏不通，产难，产后阴脱，丈夫阴疮石淋，敛溃痈。

释名

鳖行走时别脚，所以叫它鳖。鳖没有耳朵，可守神，神守的名字就是由此而来的。另一种说法是，如果鱼群有三千六百条，在蛟龙的引领下就可以飞走了，要是有一只鳖守护就可以避免，所以鳖的名字为神守。

集解

鳖与龟是同类、水陆两栖，穿脊和胁相连。龟，甲壳中裹着肉；鳖，肉里裹着甲。鳖在水中时，上面一定有漂浮的泡沫，这叫鳖津。人们依据这个捕捉它。今有捉鳖的人，拍手作声，看见鳖津而捉，从不失手。有人说，常在水中的鳖精叫做蚹，只要呼唤它的名字就可以捉到它。而只要扬子鳄一叫，鳖就会躲藏起来。相传，鳖害怕蚊子，生鳖被蚊子叮咬就会死去，死鳖与蚊子一起煮就会腐烂，而熏蚊子也用鳖甲，这就是物种相生相克的道理。

鳖甲

气味：咸，平，无毒。

主治：可以消腹中的肿块，祛息肉，消除淤血，止腰痛。还可以滋阴补气，对小儿惊痫、妇女经脉不通、难产、产后阴脱等症均有疗效。

鳖肉

气味：甘，平，无毒。

主治：可以补充元气，治久痢。还可以治疗风湿性关节炎和腹内积热。有祛血热和补阴虚的功效。

鳖头血

主治:可治疗中风和脱肛。

科学新概念

营养成分
维生素 A、维生素 E、胶原蛋白、氨基酸、不饱和脂肪酸、铁等。

健康效果
鳖的肉味鲜美、营养丰富,是一种高级水产品,它有活血化淤、滋补强身的功效,通常将它作为病后或手术后身体虚弱者的滋补保健食品,同时还有防癌治癌作用。

自然配方

名称	制作方法
淮杞鳖肉汤	枸杞和鳖肉同煮,汤味鲜美,营养丰富。此菜可以健胃、固肾、补养精血,另外还有防癌抗癌的作用。女性常吃此菜能润肤、乌发、延缓衰老,使人显得年轻、漂亮、有神。
猪油炖鳖	鳖去内脏切块,连鳖甲一起炖,加入猪油、清水适量,食盐少许,炖熟即可。此菜有滋阴、凉血的功效,可用于治疗慢性疟疾等症。
甲鱼山楂汤	将鳖去壳、头、爪后洗净切块,与山楂一起放入砂锅中,加适量水和调味品烧煮,至熟烂后即可食用。此汤可以补元气,还可以活血化淤,散结止痛,提高机体免疫力,有防癌抗癌的功效。
杜圆红枣甲鱼汤	将桂圆洗净,红枣去核,与脱去四肢表皮和内脏的鳖一起放入清水中炖煮,加入适量调味品即可。此汤适宜心悸失眠和精神恍惚、多梦的人食用。

牡蛎

别名 牡、蛎蛤、古贲、蚝。

《本草纲目》记载
化痰软坚,清热除湿,止心脾气痛,痢下赤白浊,消疝瘕积块,瘿疾结核。粉身,止大人、小儿盗汗。

释名

蛤蚌都是胎生或卵生。唯独牡蛤是变化而生的,纯雄性的,没有雌性的,所以用牡命名。叫蛎和蚝是说它粗大。也有说法是向左看的就是雄性的,因此叫做牡蛎,向右看的就是雌性的,叫做牝蛎。但是这种说法受到了很多人的质疑。

集解

牡蛎生活在东海,没有固定的采收季节。现在东海、永嘉、晋安等地都有。十一月份收取,越大的越好。它是附着在石头上的,并且口朝上生长。把腹部朝南举起来,口就斜向东,这就是向左看。而出自广州南海的多向右看。牡蛎附着在石头上,相连成片就像房子一样,通常叫它蛎房。晋安人也叫它蠔莆。它刚出生时就像拳头那么大,渐渐四面长大,长至一二丈,突出的就像山一样,所以叫做蠔山。每一蛎房内有一块肉,来潮时,各蛎房都打开,一旦有小虫进入,就合起来充饥。海边的人捉到牡蛎就凿开蛎房,用火烤,把蛎肉作为美食。南海人用蛎房砌墙,烧成灰来粉刷墙壁,把它的肉叫蛎黄。

蛎房

气味:咸、平、微寒,无毒。

主治:可以治伤寒、温疟寒战。长时间服用可以强筋健骨,益寿延年。还可以祛除留在经络、关节和营卫的邪热、游走的虚火,治心情烦躁、胸中气结,止汗止渴。有补肾安神的功效。磨成粉,擦身子,可以止大人、小孩盗汗。

肉

气味:甘,温,无毒。

主治:煮食可以补虚和中,解丹毒。拌姜、醋生吃可解酒后烦热和口渴的症状。

科学新概念

营养成分

蛋白质、氨基酸、肝糖元、牛磺酸、维生素 A、维生素 B 族、维生素 D、铜、锌、锰等。

健康效果

牡蛎是名贵海珍,它不仅味道鲜美,滋补保健作用也为古今中外所称道,可以强身健体,对肝炎、结核、心血管系统疾病、老年智力衰退、肿瘤等症也有辅助治疗作用。还可以使皮肤滑润,延缓皮肤衰老,减少皱纹,是很好的美容食物。牡蛎因其丰富的营养价值而享有"海底牛奶"的美称。

自然配方

名称	制作方法
皮蛋牡蛎粥	皮蛋洗净切块,和牡蛎肉、粳米同煮,煮至软烂即可。此粥软糯香滑,清香可口,有滋阴、降火的功效,尤适宜操劳过度者进补食用。经常食用面色红润,有美容作用。
鸡蛋炒牡蛎	牡蛎洗净,鸡蛋打碎,像煎鸡蛋那样做熟即可。此菜简单易做,营养丰富,有滋补作用,适宜身体虚弱者食用。经常食用可以治胃炎、胃酸过多等症。
紫薇花牡蛎火腿汤	将牡蛎肉、紫薇花、火腿肉、玉兰片、冬菇分别洗净,切成片。放入烧好的水中煮熟,加入适量调味品即可。此汤具有滋阴养血、止血、健脾开胃、解毒的功效。用于治疗虚损、烦热、产后血崩、带下、疮毒、失眠、心悸、健忘等症。

海蛤

《本草纲目》记载

清热利湿,化痰饮,消积聚,除血痢,妇人血结胸,伤寒反汗搐搦,中风瘫痪。

释名

海蛤是海中各种蛤烂壳的总称,不是专指一种蛤。旧本说,海蛤又叫魁蛤,认为这两者是同一种生物,其实是错误的。

集解

海蛤生于东海。现在登州、莱州、沧州、南海等地海流湍急处都有,四五月份在海滩的沙子里就可以找到。海蛤大的像棋子,小的像油麻仁,颜色为黄白,或者黄赤相杂。海蛤不是同一类蛤,是各种蛤的壳,天长日久表面被冲刷得光滑晶莹,不能分辨出它是哪一种,所以统称为海蛤。那些表面粗糙、外形像半颗杏仁的叫蚅耳蛤,不能作药用。

海蛤

气味:苦、咸,平,无毒。

主治:可以治咳嗽、胸痛寒热、水气浮肿、小便不利、妇女崩漏带下、阳痿、痔疮、胸胁胀痛、腰痛,有止消渴、润五脏、清热利湿、化痰的功效。还可用来治疗妇女血淤结胸、伤寒病汗出不透而出现抽搐、中风瘫痪等病证。

科学新概念

营养成分

蛋白质、维生素 A、核黄素、钾、钠、钙、镁等。

健康效果

蛤肉味道鲜美,营养丰富,蛋白质含量高,脂肪含量低,不饱和脂肪酸较高,易被人体消化吸收。高胆固醇、高血脂体质的人以及患有甲状腺肿大、支气管炎、胃病等疾病的人尤为适合食用。

自然配方

名称	制作方法
花蛤蔬菜汤	花蛤洗净外壳,和南瓜、番茄同煮即可。此汤可以降低胆固醇,经常食用可滋阴明目、软坚化痰。

田螺

别名　田赢。

《本草纲目》记载

利湿热,治黄疸。捣烂贴脐,引热下行,止噤口痢,下水气淋闭。

集解

田螺生在水田以及湖泽两岸。圆形,大的像梨、橘,小的像桃、李,煮熟可食用。它的形状像蜗牛而尖长,青黄色,春夏两季采收。螺是属于蚌类的。它的壳有螺旋一样的纹理,它的肉会随月亮的盈亏而变化。

肉

气味:甘,大寒,无毒。

主治:可以醒酒。煮成汁,加珍珠、黄连研末,注入眼中,可以止眼痛。还可利大小便,祛除腹中结热,治目下黄、脚气肿、小腹急硬、小便赤涩、手足浮肿。生的浸泡取汁饮,止渴。捣成肉,外敷可以治疗热疮。还可以清热利湿,治疗黄疸;捣烂了贴肚脐,可以引热下行。取汁涂抹可以治痔疮、狐臭。

壳

气味:甘,平,无毒。

主治:可以止泻,治反胃,还可以治疗身上的脓疮。

科学新概念

营养成分

蛋白质、胡萝卜素、维生素 E、钙、磷、铁、锌、钾等。

健康效果

可治疗黄疸病、因钙代谢失调而引起的关节炎、小儿软骨病及浮肿等症状,外敷可以治阑尾炎、肾炎。

自然配方

名称	制作方法
螺肉丝瓜汤	螺肉洗净和丝瓜同煮,加入适量的调味品即可。此汤味道鲜美,营养丰富,经常食用有预防黄疸病,治疗脚气、痔疮等功效,还可以美白皮肤,有美容的功效。
枸杞田螺汤	将螺肉和枸杞洗净,放入锅中,加入适量的清水和调味品即可。常喝此汤可预防黄疸病,有补肝肾、清热解毒的功效,尤适宜体虚者食用。

蚌

《本草纲目》记载

止渴除热,解酒毒,去眼赤。

释名

蚌与蛤属于同类,但却是外形不同的两种生物。长形的通常称为蚌,圆的通常称为蛤。所以蚌字从丰,蛤字从合,都是象形字。后来的人把它们通称为蛤蚌,这是错误的。

集解

蚌生于江汉渠中,老蚌含有珍珠。蚌的品种非常多,现在江河湖泊中到处都有,尤其是洞庭湖、汉沔湖特别多。大的长七寸,形状像牡蛎;小的长三四寸,形状像石决明。它的肉可以吃,壳可以研磨成粉。古代的人叫它蜃灰,可用来刷墙,就像现在用的石灰一样。

蚌肉

气味:甘、咸,冷,无毒。

主治:止渴除热,解酒毒。放入黄连末研成汁,可治疗红眼病。还可以消除胸中烦闷。

蚌粉

气味:咸,寒,无毒。

主治:可以止痢疾和呕吐。还可化痰消积,除湿肿。有明目养胃之效用。

科学新概念

营养成分

蛋白质、维生素 A、钙、镁、铁、核黄素等。

健康效果

具有清热滋阴、养肝明目的作用。对肝肾阴虚、目昏眼花也有一定疗效。

自然配方

名称	制作方法
生拌蚌肉	蚌肉洗净,用热水焯过沥净,加入盐、酱油等调味料即可。此菜口感清新,营养丰富,有清热解毒、滋阴益气、防癌抗癌的功效;对贫血、厌食症、疲劳综合征也有疗效。

鹅

别名 家雁、舒雁。

《本草纲目》记载

灌耳,治卒聋。润皮肤,可合面脂。涂面急,令人悦白。唇渖,手足皴裂,消痈肿,解五脏热,服丹石人宜之。

释名

鹅的叫声就是"哦、哦"的,所以叫做鹅。江东地区的人叫它舒雁,意思是说这种鸟像雁,但是行动舒缓。

集解

这种家禽江淮以南多畜养,毛色有灰、白两种,眼绿,嘴黄,脚掌发红,善于争斗。它夜里常常按照更时鸣叫。它喜食蛇和蚯蚓,所以畜养它能辟虫害,有人说鹅不吃生虫是不对的。

肉

气味:甘,平,无毒。

主治:可以滋润五脏,强身健体。还可以解丹毒,适宜服丹药的人食用。

蛋

气味:甘,温,无毒。

主治:可以滋补身体,补充元气,但过多食用容易引起身体痼疾。

科学新概念

营养成分

蛋白质、维生素 A、维生素 E、核黄素、尼克酸、磷、铁、铜、锌等。

健康效果

鹅肉营养丰富,经常食用有滋补功效,适宜于病后身体虚弱者进补,可以养胃补气,对糖尿病有辅助治疗的作用,还可以治疗咳嗽等病。

自然配方

名称	制作方法
鹅肉炖土豆	鹅肉切块,放入锅中加适量清水,加盐、酱油等调味料,煮至五成熟时,加入切成块的土豆,煮至鹅肉软烂即可。此菜鹅肉鲜美,土豆软烂可口,有补血补气的功效,经常食用可治腰腿无力、健忘失眠等症。

鸡

别名　烛夜。

《本草纲目》记载

止肚痛，心腹恶气，除风湿麻痹，诸虚羸，安胎，治折伤并痈疽。生捣，涂竹木刺入肉。

释名

鸡就是稽的意思，因为它能报时。大的叫蜀，小的叫荆，幼鸡叫鷇。梵文名字叫鸠七咤。

集解

鸡的种类有很多，各地都有所产，只是大小形色往往不同。朝鲜有一种长尾鸡，尾长三四尺；辽阳有一种食用鸡，是一种角鸡，体形很大，味道肥美，胜过其他品种的鸡；南越有一种长鸣鸡，昼夜啼叫；南海有一种石鸡，海水涨潮时就鸣叫；江南有一种矮鸡，腿长才二寸左右。鸡在卦中属巽，在星宿中属昴。

乌骨鸡

气味：甘，平，无毒。

主治：适宜身体虚弱者进补，可以治疗心腹痛，对妇女产后虚损、崩中带下都有一定疗效。

肝

气味：甘、苦，温，无毒。

主治：可以补肾壮阳，治疗心腹疼痛；还可治疗因肝虚引起的视力减退等症状。

蛋

气味：甘，平，无毒。

主治：可以滋补五脏，安胎。用醋煮着吃可以治痢疾、耳鸣。

蛋清

气味：甘，微寒，无毒。

主治：可以美容和祛烦热。

蛋黄

气味：甘，温，无毒。

主治：可以祛除烦热，用醋煮食可以治疗身体虚弱。

科学新概念

营养成分

蛋白质、尼克酸、灰分、维生素 E、烟酸、钙、磷、铁等。

健康效果

鸡肉有较好的滋补作用，其营养成分易吸收，因此经常食用有强身健体的功效，营养不良、身体虚弱、心血管疾病患者尤适宜食用。鸡肉还有助于人体肌肉的代谢与增长，鸡汤中的营养成分可促进人体内的肾上腺素分泌，从而可振奋精神，特别是对血压低的人有好处。

自然配方

名称	制作方法
乌鸡汤	乌鸡肉切块，放入锅中加适量清水及调味品，煮至肉烂汤浓即可。此汤营养丰富，药用价值高。可以增强身体免疫力，预防骨质酥松，妇女食用还有丰乳、下奶的功效。
煮鸡蛋	鸡蛋洗净煮熟即可。煮鸡蛋简单易做，营养丰富，经常食用可以补脑，能增强记忆力，还有护肝抗癌的功效。老年人食用可以预防老年痴呆，有延年益寿的功效。
姜汁炖鸡	将仔鸡杀后去除内脏，洗净。将老姜捣碎后用纱布包扎；挤出姜汁，放入鸡腹内盖好，放入锅内，加适量水。将锅置火上，用大火烧沸，用文火烧煮至熟烂即可。此菜温中健脾，益气生血。适用于脾胃虚寒、久治不愈、体质虚弱者。

鸭

别名　鹜、舒凫等。

《本草纲目》记载

补虚除客热，和脏腑及水道，疗小儿惊痫。解丹毒，止热痢。和葱、豉煮汁饮之,去卒然烦热。

释名

鸭子鸣叫声是"呀呀"的,所以叫做鸭。凫能高飞,而鸭走路舒缓不能飞,所以鸭又叫舒凫。

集解

雄鸭头顶为绿色,翅膀有花纹,雌鸭为黄斑色,但是也有纯黑和纯白的品种,还有一种毛为白色而骨头发乌的鸭子,药用效果甚佳。发声时,都是雄鸭叫声低,而雌鸭鸣叫响亮。重阳节后,鸭子长得比较肥壮,味道鲜美。

肉

气味:甘,冷,微毒。

主治:可以调和五脏,治疗小儿惊痫,还可以消除头上的疮。

蛋

气味:甘、咸,微寒,无毒。

主治:可以治疗心腹胸热。

科学新概念

营养成分

蛋白质、维生素 B 族、维生素 E、钾、钙、磷、铁、钠等。

健康效果

鸭肉营养丰富,易于吸收,有较强的滋补作用,可以增强体质。经常食用鸭肉对预防心脑血管疾病有较好的效果,因此比较适宜于老年人进补之用。

自然配方

名称	制作方法
老鸭汤	鸭肉切块放入锅中,加入适量清水及调味品。煮至肉烂汤浓即可。此菜适用于大病初愈者食用。经常食用还可治咳嗽、失眠、便秘等症。
咸鸭蛋	鸭蛋洗净,放入盐水中浸泡 35 天左右,煮熟即可食用。适用于各类人群,久食有一定滋补功效。

鸽

别名 鹁鸽、飞奴。

《本草纲目》记载

解诸药毒,及人、马久患疥,食之立愈。

释名

鸽子本性淫,容易交配,因此得名,鹁是它的声音。张九龄用鸽子来传递书信,因此鸽子又被称为飞奴。

集解

鸽子是人们畜养的一种家禽,但是也有野鸽。名贵的品种虽然很多,但羽毛也不过青、白、绿、鹊斑几种颜色,眼睛有大有小,颜色有黄、赤、绿三种。鸽也和斑鸠进行交配。

肉

气味: 咸,平,无毒。

主治: 可以解一切药物中毒,人如果患有皮肤病,食用即可痊愈。可以调精补气,但多吃会减弱其他药的药效。

科学新概念

营养成分

蛋白质、维生素 A、维生素 B_1、维生素 B_2、维生素 D、钙、磷、钾、钠、镁、铁等。

健康效果

鸽肉营养价值极高,民间有"一鸽顶九鸡"的说法,吃鸽肉可以使老年人及身体虚弱的人身体强健,经常食用还有明目、补血的功效。

自然配方

名称	制作方法
鸽肉汤	鸽子肉切块放入锅中,加适量清水和调味品,煮至鸽肉软烂即可。此汤滋补功效强,尤适宜老年人、孕妇及久病初愈者进补。经常食用还有护发美容的功效。
香炸乳鸽	乳鸽去毛、去内脏,整体放入调味品中入味,30分钟后即可放入油锅炸,炸至酥烂即可。乳鸽(即幼鸽)的营养价值更胜成年鸽子,因此此菜的滋补作用极强。

鹑

《本草纲目》记载

补五脏,益中续气,实筋骨,耐寒暑,消结热。和小豆、生姜煮食,止泄痢。酥煎食,令人下焦肥。

释名

鹑性情温和胆小,喜欢单独活动。常常伏在浅草丛中,没有固定的居所,随遇而安,庄子说圣人就像鹑一样居无定所。刚出生的鹑叫罗鹑,到秋初叫早秋,中秋以后叫它白唐。

集解

鹑的大小像小鸡,头小没有尾巴,毛色有斑点,特别肥。雄性腿长,雌性腿短。鹑本性害怕寒冷,在田野中,夜晚时成群飞起,白天就伏在草丛中,人能学它的声音把它吸引出来,捉住它,畜养它们让其相互争斗。鹑用盐腌制后用火烤着吃,味道十分鲜美。

肉

气味:甘,平,无毒。

主治:补五脏,强健筋骨,耐寒冷酷暑,和小豆、生姜煮食可以止腹泻、痢疾,煎炸食用会使人长胖。

科学新概念

营养成分

蛋白质、维生素 A、磷、钾、钙、钠等。

健康效果

鹌鹑肉和蛋营养丰富,都是很好的滋补食品,肉还有"赛人参"之称。长期食用可以预防心脑血管疾病,极适宜高血压、高血脂病人食用,经常食用还可以治疗神经衰弱、肝炎、肺结核等症。

自然配方

名称	制作方法
清炖鹌鹑	鹌鹑清理干净,加入适量清水和调料,煮至汤浓肉烂即可。此菜可滋补五脏,增强身体免疫力。可以止咳、止泻。经常食用可以预防心脑血管疾病。

兽

猪

别名　豚、豕、豭、彘、羠。

《本草纲目》记载
疗狂病久不愈。压丹石,解热毒,宜肥热人食之。补肾气虚竭。

释名
据《说文解字》记载,"豕"的字形像身上长毛,身后长有尾巴的形状。又因其吃的东西不干净,所以叫做猪。雄性的猪叫豭,或叫牙;雌性的叫彘,或叫豝。猪生下的第一只小猪叫特,第二只叫师,第三只叫豵,最后生下的叫豯。

集解
猪这种动物,骨头小,筋和油脂多,大的重百余斤,容易畜养。猪怀孕四个月就可以产仔,繁殖较快。什么地方的人都可以养猪,品相却因地域不同而各有不同,青兖、徐准之地的猪耳朵大;燕冀之地的猪皮厚;生在梁雍之地的猪腿短;生在辽东的猪头白;生江南的猪耳朵小;生在岭南的猪白而且特别肥。

肉
气味:酸,冷,无毒。

主治:可以解丹石药物引起的热毒,补肾气虚竭,还能解水银毒和土坑恶气。

科学新概念

营养成分
蛋白质、维生素 A、钾、磷、钠、镁等。

健康效果
猪肉富含蛋白质,易于被身体吸收,有一定的滋补功效,但不易多食,食用过多容易引起肥胖。

自然配方

名称	制作方法
猪肉汤	猪肉切块，和槐花同煮，经常食用可以治痔疮；猪肉切块和莲子、百合同煮，可以滋补脾胃，有润肺止咳的功效。
猪蹄鲤鱼汤	鲤鱼、猪蹄洗净，切开，加入适量的水，放入盐等调味品，两者同煮，煮至肉熟汤浓即可。此汤有通窍催乳作用，适于产后乳汁不下或过少者食用。

牛

《本草纲目》记载

消渴，止啘泄，安中益气，养脾胃。补虚壮健，强筋骨，消水肿，除湿气。

释名

《史记》称一只牛为四蹄，现在人称一只牛为一头。公牛叫牯、特、犅，母牛叫牸，牛崽叫犊。

集解

牛有很多种。南方人称水牛为牛，北方人把黄牛、乌牛叫做牛。牛的品种不同，用途也各不相同。水牛是青苍色，大肚头尖，外形像猪，能和老虎相斗。牛有下齿，没有上齿，观察它的牙齿就知道它的年龄，六岁以后，每年脊骨长一节。牛的性情比较温顺，生病时也站立。牛站起来时，后足先立起来，趴下时，前足先跪下，这是顺从阴气的缘故。

黄牛肉

气味：甘，温，无毒。

主治：补中益气，调养脾胃。补益腰脚，有止消渴及唾涎的功效。

乳

气味：甘，微寒，无毒。

主治：可以养心肺，滋润皮肤，治反胃、痢疾和黄疸病。

科学新概念

营养成分

蛋白质、维生素 A、磷、钾、钠、镁、铁等。

健康效果

经常食用牛肉可以增强免疫力,还有滋补作用。饮用牛奶可以防止食物中毒,还有一定的防癌作用。

自然配方

名称	制作方法
牛肉西红柿汤	西红柿、牛肉切块,一起放入锅中,放入清水和适量调味品,煮至牛肉软烂即可。此汤健胃消食,补血养气,经常食用对高血压等病症有辅助治疗作用。

驴

别名 胪。

《本草纲目》记载

解心烦,止风狂。酿酒,治一切风。补血益气,治远年劳损,煮汁空心饮。疗痔引虫。

释名

驴也就是胪。胪就是腹部。马的力量在前腿,驴的力量在腹部。

集解

驴的脸颊很长,额头宽,尾巴长,耳朵竖,在夜里鸣叫来应更,善于驮负东西。有褐、黑、白三种颜色,入药时以黑色最好。女真、辽东出产野驴,像驴而毛色杂,鬃尾长,骨骼大,食用的功效与驴相同。西部地区出产山驴,有角,像羚羊。

肉

气味:甘,凉,无毒。

主治:可以祛除心中的烦躁,还可以治疗一切邪风和多年劳损,有补血益气的功效。

血

气味:咸,凉,无毒。

主治:可以通利大小肠,润燥结,除积热。

乳

气味:甘,冷利,无毒。

主治:经常饮用热驴乳,可治气郁,解小儿热毒,不生痘疹。

科学新概念

营养成分

蛋白质、维生素 A、钙、钾、磷、钠、镁等。

健康效果

驴肉味道鲜美,有"天上龙肉,地上驴肉"之称,经常食用可以养气安神,增强体质。

自然配方

名称	制作方法
驴肉粥	驴肉切小块,放入清水中,煮 15 分钟后,加入粳米,煮至软烂即可,食用时可加少量盐。经常食用此粥可以增强身体免疫力,养气安神,适宜久病初愈者食用,另外还有美容效果。

羊

别名　羖、羯、羝。

《本草纲目》记载

暖中,字乳余疾,及头脑大风汗出,虚劳寒冷,补中益气,安心止凉。

释名

《说文解字》上说,羊字像羊的头、角、足、尾之形。孔子认为"牛"、"羊"这两个字都是象形。有人说,羊是吉祥的象征,所以吉礼的时候用它来祭礼。公羊叫羖、羝。羊的崽叫羔,不同时期的羔又有不同的叫法。

集解

生长在江南的羊是吴羊,头和身体的比例适中,毛短。生在秦晋之地的是夏羊,头小,身大,毛长。当地的人在羊长到两岁的时候就剪掉它的毛,做成毡子,这种羊也叫绵羊。所有的羊都是怀孕四个月就可以生产。羊眼睛无神,肠壁薄而且多弯曲。在卦中属于兑,所以性格属于外柔内刚。羊喜欢干燥的环境。

肉

气味:苦、甘,大热,无毒。

主治:开胃健脾,增强体力。补中益气,安心止惊。可以治疗外感风邪而导致的头痛出汗、虚劳寒冷等。还可以止痛,对产妇很有好处。对于男子五劳七伤、小儿惊痫也有益处。

乳

气味:甘,温,无毒。

主治:可补寒冷虚气,润心肺,补肾气,调小肠气。还可治疗糖尿病、尿崩症和虚劳等症状。

脊骨

气味:甘,热,无毒。

主治:可以治疗腰痛和痢疾,还有补肾虚和通督脉的作用。

髓

气味:甘,温,无毒。

主治:可调理阴阳气不足,祛风热、解毒。和酒服用可以补血。

肺

气味:甘,温,无毒。

主治:可补肺、通肺气,利小便。

科学新概念

营养成分

蛋白质、维生素 A、钠、磷、钾等。

健康效果

羊肉蛋白质含量高,脂肪含量低,吃羊肉不易发胖,还可以提高身体抗疾病能力,经常吃羊肉还有防癌抗癌的作用。

自然配方

名称	制作方法
猪蹄羊肉汤	猪蹄洗净,切开,羊肉切块,放入锅中,加入适量清水及调味品,煮至肉烂汤浓即可食用。此汤营养丰富,滋补效果强。专治产妇产后无乳或乳汁缺乏症。
生姜羊肉粥	羊肉切小碎块,姜切小片,放入锅中和粳米同煮,煮至软烂即可。食用时可加少许盐等调味品。此粥有补血补气、补肾壮阳的功效。适用于四肢冰冷、腰膝酸软、男人阳痿早泄等症。
山药羊肉羹	羊肉整块洗净,生山药去皮、洗净,切片。生姜洗净,切丝。羊肉加生姜,以小火清炖。取羊肉汤一碗,加生山药片,放入锅内煮烂后,再加牛奶、盐少许,煮沸即可。此羹补虚劳体弱,适用于病后、产后经常肢冷、出冷汗、疲倦、气短、口干、烦热、失眠等症。

鹿

别名　斑龙。

《本草纲目》记载

生精补髓,养血益阳,强健筋骨。治一切虚损,耳聋目暗,眩晕虚痢。

释名

鹿字的篆书写法,描绘出了它的头、角、身、足的形状。雄鹿称为麚;雌鹿称为麀;小鹿称为麛;最有力气的鹿称为麈。斑龙的叫法出自《澹寮方》。

集解

鹿在山林中到处都有。它的身体像马,尾巴像羊,头长,腿高,跑起来非常快。一般公鹿有角,但到了夏天就会脱落;母鹿没有角,怀孕六个月就能生子。鹿是群居动物,休息时就围成一圈,角向外,防止敌人到来;趴下时就口部朝向尾巴。北狄地区有一种驼鹿,个头很大而且是苍黄色,身上没有斑点。鹿角很大,还有花纹,坚挺莹润像玉一样。鹿茸可入药。

肉

气味:甘,温,无毒。

主治:补充元气,滋补身体,强壮五脏,调养血脉,养血养容,适宜于妇女产后滋补。

鹿茸

气味:甘,温,无毒。

主治:可以治腰背酸痛、身体羸弱、四肢无力,有安胎及延缓衰老的功效。

角

气味:咸,温,无毒。

主治:能够祛除邪气,养血滋阴。鹿角用水磨汁服用,可治遗精、尿血;用醋磨汁,涂敷患处,治疗痈肿疮疡,能够清热解毒。

科学新概念

营养成分
蛋白质、钙、磷、钾等。

健康效果
鹿肉高蛋白低脂肪,经常食用可以增强体质,降低心脑血管疾病的发病率,有防癌抗癌的功效,还可以治疗腰膝软弱、四肢无力等症。

兔

别名 明视。

《本草纲目》记载

补中益气。止渴健脾。生食,压丹石毒。腊月作酱食,去小儿豌豆疮。凉血,解热毒,利大肠。

释名

兔字的篆文写法是象形字。叫它明视,是说它眼睛看东西时不眨,晚间也看得清清楚楚。

集解

兔子是食品中的上等佳品。兔子大的像狸,褐色的毛,外形像老鼠,尾巴短,耳朵大而且尖,上唇有缺口,长须,前足短,擅于跑跳。五个月就可以生崽。

肉

气味:辛,平,无毒。

主治:补中益气,治疗湿热,止渴健脾。生吃可以解丹石毒。能够清热解毒,利大肠。

科学新概念

营养成分

蛋白质、维生素 A、磷、钾、钠等。

健康效果

兔肉有高蛋白低脂肪的特点,使人吃后不易发胖。而且其有效成分可以软化血管,减少心脑血管病的发生,还有补脑、美容的作用,极适宜老年人和高血压病人食用。

自然配方

名称	制作方法
兔肉红枣汤	兔肉切块,和红枣一起放入锅中,加入适量清水及调味品,煮至肉烂汤浓即可。此菜香气浓郁,肉味清香,是滋补的佳品,尤适宜于老年人和病后初愈者进补。经常食用有补血、补气功效,还有减肥作用。
兔肉炒藕片	兔肉切小块,藕切薄片,先炒兔肉,等兔肉五成熟后,加入藕片,沙熟即可。此菜兔肉鲜美,藕片清香,药用价值极高,经常食用有清热解毒的作用,可以治疗痤疮,对皮肤病也有一定辅助治疗作用。

狗

别名　犬、地羊。

《本草纲目》记载

补五劳七伤，益阳事，补血脉，厚肠胃，实下焦，填精髓，和五味煮，空心食之。凡食犬若去血，则力少不益人。

释名

狗，就是叩。叫的声音就好像有节奏地叩击东西似的。也有的人说这种动物喜欢苟且地活着，所以叫做狗，也就是韩非子说的蝇营狗苟。卷尾有悬蹄的叫做犬，犬字是象形字，所以这个犬字像画的狗。齐人叫它地羊。民间又忌讳狗这个名字，所以又有叫它乌龙、白龙的。

集解

狗的品种有很多，古时它的用途大概有三种：田犬长嘴，善于打猎；吠犬短嘴，善于看守；食犬体肥，可供食用。凡本草中所用的都是食犬。犬怀孕三个月就生子。在畜类之中属于五行的木，在八卦中属艮位。

肉

气味：咸、酸、温，无毒。

主治：可以安健五脏，补益虚劳伤损，益气轻身。还可补胃气，壮肾阳，暖腰膝，益气力。有补五劳七伤、增强性功能、补血脉、调理肠胃的功效。和各种调料进行煮食，可以空腹食用。凡是吃狗肉不可以去血，去血就会减少药性，对人无益。

皮

主治：将烤热的狗皮裹腰，可治疗腰痛。

胆

气味：苦，平，小毒。

主治：可治疗溃疡和恶疮，能化淤血。

乳汁

主治：赤秃发落，用狗乳汁不断涂抹，疗效很好。

肝

主治：狗肝切细，加姜、醋拌和，可治脚气攻心。

毛

主治:尾毛烧灰,敷患处,可治犬伤。

科学新概念

营养成分

蛋白质、维生素 A、钙、磷、钾、钠、镁等。

健康效果

狗肉蛋白质含量高,有滋补功效。经常食用可强身健体,增强身体免疫力,还有促进消化吸收、改善男子性功能的功效。

自然配方

名称	制作方法
清炖狗肉	狗肉洗净切块,放入锅中,加入适量清水,加入料酒、姜等调料品,煮至肉烂汤浓即可。此菜肉美汤鲜,滋补功效强,有补肾壮阳的功效,可以治疗阳痿早泄等症。
狗肉粥	狗肉洗净切小碎块,用酒浸泡去腥,一小时后洗净,和粳米同时放入锅中,煮至软烂即可。此粥营养丰富,滋补功效强,是老年人及病后体虚者滋补身体的佳品,经常食用可以治疗腰膝酸软、四肢冰冷等症。
焖狗肉	将狗肉洗净切块,放入烧热的油中翻炒,加入各种调味品,焖至肉烂即可。经常食用可增强体魄,提高消化能力,促进血液循环。

阿胶

别名　傅致胶。

《本草纲目》记载

男女一切风病,骨节疼痛,水气浮肿,虚劳咳嗽喘急,肺痿唾脓血,及痈疽肿毒。和血滋阴,除风润燥,化痰清肺,利小便……

释名

阿井,在山东兖州府阳谷县东北六十里处,即古代的东阿县。这口井又大又深,井口像车轮一样大,井深六七米,井水很清,即使被搅动过还依然清澈;阿井水和济水相连,用这井水熬胶。故名阿胶。当地人年年都用它来进贡朝廷。因济水水清质重,有下趋的特点,可治疗痰饮上逆,所以服用阿胶也可以疏痰止吐。

集解

阿胶是出自东平郡的东阿县,熬煮牛皮制成的。因为用皮有老嫩之分,所以胶有清浊之别。熬胶时需要加入一片鹿角,才可以成胶,否则就不能成胶。胶分三类:清而薄的是画家作画用的;清而厚的叫覆盆胶,是入药用的;浊而黑的不能入药,但是可以用来粘合东西。据说,用东阿县城东北的井水来熬胶得到的是真胶,但是这口井被官府掌管,所以百姓很少能得到质量高的阿胶。用乌驴皮和阿井水熬煮而得的胶是最好的。现在医生使用的大都是用牛皮制成的黄明胶。现在熬胶也不仅限于这些,所有的胶都有祛风、止泻、补虚的功效,但驴皮胶的祛风作用最好。从十月到来年的二三月间,用牸牛、水牛、驴皮熬煮的是上品;猪、马、骡、驼皮熬煮的次之;旧皮、鞋等物为下品。熬煮的方法是:取来生皮,用水浸泡四五天,洗刮干净,熬煮时,不断地添水搅拌,直至熬烂,过滤成汁再熬成胶状,倒入盆中等待凝固,近盆底的叫盆胶,熬胶的水以咸苦味的为好。假胶都掺杂着马皮、旧革、鞍、靴子之类的东西,气味重浊、腥臭,不能作药用。而真品是透明的黄色、琥珀色,或者是又黑又亮的漆色,没有腥臭味,在夏季也不会受潮和变软。

阿胶

气味:甘,平,无毒。

主治:可治疗心腹内出血、虚劳冷颤、腰腹痛、四肢酸痛、女子下血等症。有安胎的作用,是养肝气、强筋健骨、和血滋阴、化痰清肺、利小便、调大肠的圣药。

科学新概念

营养成分

明胶蛋白、甘氨酸、脯氨酸、谷氨酸、丙氨酸、钾、钠、钙、镁等。

健康效果

阿胶有极高的药用价值,和鹿茸、人参并称"中药三宝"。阿胶有滋阴补血、止血、润燥、安胎的功效,能改善血钙平衡,促进红细胞的生成,还能升高血压,防止失血性休克。同时阿胶还是妇科上等良药,可以治疗妇女胎、经、产病。

自然配方

名称	制作方法
阿胶粥	阿胶研成粉末备用，粳米和莲子、桂圆熬粥，煮开时，加入阿胶粉和适量冰糖，熬制汤稠即可食用。此粥有滋阴补血、健脑益智、强身健体、延年益寿的功效，因此有个别名叫"长寿粥"。孕妇食用此粥还有一定的安胎效用。
阿胶牛奶	阿胶研成粉末，加入牛奶中，根据个人喜好加入适量白糖，搅匀即可饮用，经常饮用有补血补钙的作用，适宜各类人群饮用。
阿胶红枣露	将红枣、桂圆肉、核桃仁、黑芝麻捣碎。将阿胶置黄酒内浸泡 12 天，再倒入陶瓷器内，隔水蒸至阿胶完全溶化，再将红枣、桂圆肉、核桃仁、黑芝麻倒入与之混合，加入冰糖，再蒸至冰糖完全溶化时，取出冷却，置冰箱内保存。此露能够滋阴润肺，补血养颜。